Raphael Alba

WERDE REICH

Raphael Alba

Werde Reich

Die Erfolgsgesetze
zur Finanziellen Freiheit

DEUTSCHE LITERATURGESELLSCHAFT

Die Deutsche Nationalbibliothek verzeichnet diese Publikation in der Deutschen Nationalbibliografie; detaillierte bibliografische Daten sind im Internet über dnb.dnb.de abrufbar. Die Schweizerische Nationalbibliothek (NB) verzeichnet aufgenommene Bücher unter Helveticat.ch und die Österreichische Nationalbibliothek (ÖNB) unter onb.ac.at.

Unsere Bücher werden in namhaften Bibliotheken aufgenommen, darunter an den Universitätsbibliotheken Harvard, Oxford und Princeton.

Raphael Alba:
Werde Reich. Die Erfolgsgesetze zur Finanziellen Freiheit
ISBN: 978-3-03831-222-2

Lektorat: Alexandra Eryiğit-Klos, mail-an-wortliebe@web.de
Umschlaggestaltung: pfirsichblau.ch
Buchsatz: Danny Lee Lewis, Berlin: dannyleelewis@gmail.com

Deutsche Literaturgesellschaft ist ein Imprint der
Europäische Verlagsgesellschaften GmbH
Erscheinungsort: Zug
© Copyright 2019
Sie finden uns im Internet unter: www.Deutsche-Literaturgesellschaft.de

Die Literaturgesellschaft unterstützt die Rechte der Autoren. Das Urheberrecht fördert die freie Rede und ermöglicht eine vielfältige, lebendige Kultur. Es fördert das Hören verschiedener Stimmen und die Kreativität. Danke, dass Sie dieses Buch gekauft haben und für die Einhaltung der Urheberrechtsgesetze, indem Sie keine Teile ohne Erlaubnis reproduzieren, scannen oder verteilen. So unterstützen Sie Schriftsteller und ermöglichen es uns, weiterhin Bücher für jeden Leser zu veröffentlichen.

Inhalt

Vorwort: WERDE REICH 7

Der Mann, der von Gold träumte 9

Der reichste Mann der Stadt 17

Sieben Methoden, eine leere Geldbörse zu füllen 29

Begegnungen mit dem Glück 47

Die fünf Gesetzmäßigkeiten des Goldes 61

Die fünf Gesetze des Goldes 67

Der Goldverleiher 75

Die Mauern 89

Der Händler 93

Die wertvollen Tontafeln 105

Der glücklichste Mann 111

Über den Autor 128

Vorwort: WERDE REICH

Warum bleiben die Reichen reich und die anderen nicht? Weil die Reichen ihren Kindern beibringen, wie sie mit Geld umgehen müssen, und die anderen nicht! Die meisten Angestellten verbringen im Laufe ihrer Ausbildung lieber Jahr um Jahr in Schulen und Universitäten, wo sie nichts über Geld lernen, statt sich mit finanzieller Ausbildung zu beschäftigen, um selbst erfolgreich zu werden.

Der Hauptgrund, warum Menschen in finanzielle Schwierigkeiten geraten, ist, weil sie zwar jahrelang in der Schule waren, aber nichts über Geld gelernt haben. Das Resultat ist, dass sie gelernt haben, für Geld zu arbeiten, statt Geld für sich arbeiten zu lassen.

Diese Geschichte handelt von einem verschuldeten Sklaven, der zum reichsten Mann seiner Geburtsstadt wurde. Bis er erkannte, dass man entweder Herrscher oder Sklave seines Geldes ist. Diese Geschichte wird dir finanzielle Bildung schlicht und einfach erklären, sodass jeder Mensch längerfristig Wohlstand erreichen kann. Unser Wohlstand als Nation hängt von unserem finanziellen Wohlstand als Einzelperson ab. Das vorliegende Buch handelt von den persönlichen Erfolgen jedes Einzelnen von uns. Erfolg bedeutet das Erreichen bestimmter Ziele als Ergebnis unserer Anstrengungen und Fähigkeiten. Eine gründliche Vorbereitung ist der Schlüssel zu unserem Erfolg. Unsere Handlungen können nicht mehr Klugheit beweisen als unsere Gedanken. Und unser Denken kann nicht klüger sein als unser Verstand.

Das vorliegende Buch, das Wege aufzeigt, eine leere Geldbörse zu füllen, wurde als Ratgeber zum Verständnis finanzieller Zusammenhänge bezeichnet. Und genau das ist die Absicht: Es will jenen, die nach finanziellem Erfolg streben, Einsichten vermitteln, die beim

Erwerb von Geld, beim Sparen und bei der Vermehrung von Überschüssen hilfreich sind.

Auf den folgenden Seiten bekommen Sie einzigartige Einblicke. Es ist die Wiege jener finanziellen Grundprinzipien, die heute allgemein anerkannt sind und auf der ganzen Welt von den heutigen Reichen angewendet werden.

Der Autor Raphael Alba wünscht seinen neuen Lesern, dass dieses Buch sie – wie schon seine früheren Leser, bei denen seine Gedanken auf begeisterte Resonanz stießen – in gleicher Weise anregt, ihren Kontostand zu erhöhen, größere finanzielle Erfolge zu erzielen und schwierige persönliche Geldprobleme zu lösen.

Der Autor Raphael Alba möchte bei dieser Gelegenheit auch den Menschen seinen Dank aussprechen, die diese Geschichten so großzügig an Freunde, Verwandte, Angestellte und Geschäftspartner verteilt haben. Keine Bestätigung könnte ermutigender sein als die der Männer der Praxis, welche die Lehren des vorliegenden Buches schätzen, da sie selbst durch die Anwendung der hier dargebotenen Grundregeln beachtliche Erfolge erzielt haben.

Der Mann, der von Gold träumte

Geld ist das Maß, an dem sich der Erfolg auf Erden bemisst.

Geld ermöglicht den Genuss der schönsten Dinge des Lebens.

Jene Menschen wurden reich, welche die einfachen Grundregeln des Gelderwerbs begriffen haben.

Geld gehorcht noch heute den gleichen Gesetzen wie vor Hunderten von Jahren, als sich die Menschen in den leeren Straßen drängten.

Es gibt keine armen Menschen, nur vorübergehend bankrotte Menschen.

Du kannst sein, was du willst, und verdienen, wie viel du willst.

Entweder ist man Herrscher oder Sklave seines Geldes.

Ein stets gefülltes Portemonnaie ist keine Frage der Einkommenshöhe, sondern des richtigen Geldmanagements!

Es kommt nicht darauf an, wer du bist, sondern wer du sein willst.

Wer Fehler vermeidet oder Lerngelegenheiten nicht nutzt, sieht niemals die andere Seite der Medaille und wird somit niemals reich werden.

Die Welt ist voller Pessimisten und Besserwisser. Vermeide stark solche Menschen, wenn du erfolgreich werden willst.

Der Wagenbauer war völlig entmutigt. Von seinem Platz auf der niedrigen Mauer, die sein Grundstück umgab, blickte er trübsinnig auf sein einfaches Heim und die offene Werkstatt, in der ein halb fertiger Wagen stand. Von Zeit zu Zeit erschien seine Frau in der offenen Tür. Sie warf ihm verstohlene Blicke zu, was ihn gemahnte, dass er sich, zumal sein Vesperbeutel fast leer war, wieder an die Arbeit begeben und den Wagen behämmern, behauen, polieren, bemalen und das Leder über dem Randkranz straff ziehen sollte, damit er endlich fertig werden würde und die Bezahlung von seinem reichen Kunden einfordern könnte. Trotzdem blieb er, ein beleibter, muskulöser Mann, griesgrämig auf der Mauer sitzen. Sein Träger Verstand kämpfte mit einem Problem. Die für das Tal des Euphrat typische Sonne brannte erbarmungslos auf ihn nieder. Schweißperlen bildeten sich auf seiner Stirn und rollten langsam über sein Gesicht und seinen Hals, bis sie schließlich im Gestrüpp seiner haarigen Brust versickerten. Hinter seinem Haus erhoben sich die hohen Mauern, die den Königspalast einfriedeten, und ganz in der Nähe befand sich der bemalte Turm des Tempels von Bel, dessen Spitze in den blauen Himmel emporragte. Im Schatten solcher Pracht lag sein bescheidenes Heim sowie eine Menge weiterer Häuser, die aber keineswegs so hübsch und so gepflegt waren wie seines. Auch die Stadt symbolisierte diesen Kontrast – eine Mischung aus Pracht und Verwahrlosung, sagenhaftem Reichtum und tiefster Armut, die sich ohne Plan oder System innerhalb der Stadtmauern vereinigten. Hätte er den Kopf gewandt, wären ihm hinter der Mauer die lärmenden Wagen der Reichen ins Auge gefallen, denen die mit Sandalen bekleideten Händler und die barfüßigen Bettler ausweichen mussten. Sogar die Reichen waren gezwungen, in die Gosse zu treten, um den Weg für die lange Reihe von Wasserträgern frei zu machen, die im Auftrag des Königs schwere, mit Wasser gefüllte Behälter aus Ziegenfell schleppten, die für die Bewässerung der Hängenden Gärten bestimmt waren.

Bansir war zu vertieft in seine eigenen Probleme, als dass er die lärmende Geschäftigkeit der pulsierenden Stadt wahrgenommen hätte.

Erst der unvermittelte, schrille Ton einer ihm vertrauten Leier riss ihn aus einer Grübelei. Er wandte sich um und blickte in das lächelnde Gesicht von Kobbi, dem Musikanten, seinem besten Freund.

»Mögen die Götter dich mit großer Freigebigkeit segnen, lieber Freund«, begrüßte ihn Kobbi mit blumigen Worten. »Doch anscheinend haben sie dir bereits ihre Großzügigkeit zuteilwerden lassen, weil du nicht mehr zu arbeiten brauchst. Ich freue mich mit dir über dein Glück, ja, ich würde es gern mit dir teilen. Bitte entnimm deiner Geldbörse, die ja prall gefüllt ist, da du andernfalls in deiner Werkstatt schuften würdest, zwei bescheidene Schekel und leih sie mir bis nach dem Fest der Edlen heute Abend. Du bekommst sie so schnell wieder, dass du gar nicht merken wirst, dass du sie mir geliehen hast.«

»Selbst wenn ich zwei Schekel hätte«, erwiderte Bansir düster, »könnte ich sie niemandem leihen – nicht einmal dir, meinem besten Freund, denn sie wären mein ganzes Hab und Gut, alles, was ich besäße. Niemand leiht sein gesamtes Vermögen aus, nicht einmal seinem besten Freund.« »Wie«, rief Kobbi ehrlich überrascht, »du hast keinen halben Schekel in deiner Börse und sitzt trotzdem wie eine Statue auf der Mauer?! Warum um Himmels willen machst du diesen Wagen nicht fertig? Und wie nur willst du deinen nicht gerade mäßigen Appetit stillen? Das sieht dir gar nicht ähnlich, mein Freund. Wo ist deine unerschöpfliche Energie geblieben? Quält dich etwas? Haben dir die Götter Sorgen bereitet?«

»Ja, es ist vermutlich eine Prüfung der Götter«, pflichtete ihm Bansir bei. »Alles begann mit einem Traum, in dem ich ein wohlhabender Mann war. An einem Gürtel baumelte eine hübsche Börse voll klingender Münzen. Sie enthielt viele Schekel, die ich freigebig an die Bettler verteilte; Silberstücke, mit denen ich meiner Eheliebsten schöne Kleider kaufte und auch mir allerlei Wünsche erfüllte; Goldstücke, die meine Zukunft sicherten und mir erlaubten, die Silberstücke nach Belieben auszugeben. Ich fühlte mich rundherum zufrieden. Du hättest deinen hart arbeitenden Freund nicht wiedererkannt, ebenso wenig seine Gemahlin, deren Gesicht ohne Falten war und die vor Glück strahlte. Sie war wieder so fröhlich wie in unseren Flitterwochen.«

»Ein schöner Traum«, meinte Kobbi, »aber warum verwandeln dich solch angenehme Gefühle in eine verdrossene Statue auf der Mauer?«

»Nun, warum wohl? Als ich erwachte und mir bewusst wurde, wie leer meine Geldbörse war, erfasste mich tiefe Empörung. Wir müssen unbedingt darüber reden, denn, wie die Seeleute zu sagen pflegen: Wir sitzen im selben Boot. Als junge Burschen suchten wir die Priester auf, damit sie uns Weisheit vermittelten. Als junge Männer teilten wir unsere Vergnügungen, und auch noch als erwachsene Männer sind wir enge Freunde. Wir waren zufrieden, viele Stunden zu arbeiten und die Früchte unserer Arbeit mit vollen Händen auszugeben. In den vergangenen Jahren haben wir nicht gerade wenig verdient, doch von den Freuden, die Reichtum beschert, können wir nur träumen. Bah! Sind wir besser als dumme Schafe? Und dabei leben wir in der reichsten Stadt auf Erden! Die Reichen sagen, keine Stadt der Welt könne es ihr gleichtun. Wir sind umgeben von Reichtum, haben aber nichts davon. Nach einem Leben harter Arbeit hast du, mein bester Freund, eine leere Geldbörse und fragst mich: ›Kann ich mir bei dir zwei bescheidene Schekel bis nach dem Fest der Edlen heute Abend borgen?‹ Und was antworte ich darauf? Sage ich: ›Da hast du meine Börse, was mein ist, ist auch dein.‹? Nein, ich gestehe dir, dass meine Börse genauso leer ist wie deine. Was ist los? Warum können wir nicht Silber und Gold erwerben, das für Nahrung und Kleidung mehr als ausreichend ist?« Bansir hielt einen Moment lang inne. Dann fuhr er fort: »Denk auch an unsere Söhne, treten sie nicht in die Fußstapfen ihrer Väter? Müssen nicht auch sie und ihre Familien und ihre Söhne und die Familien ihrer Söhne ihr Leben lang inmitten von Reichtum leben, wie wir, und sich mit saurer Ziegenmilch und Haferbrei begnügen?«

»In all den Jahren unserer Freundschaft hast du noch nie solche Worte gesprochen, Bansir«, bemerkte Kobbi verblüfft.

»In all den Jahren habe ich auch noch nie solche Überlegungen angestellt. Vom Morgengrauen bis in die Nacht hinein habe ich mich abgeplagt, die schönsten Wagen zu bauen, und hoffte insgeheim, dass die Götter eines Tages meine höchst ehrenwerte Arbeit würdigen und mich mit großem Wohlstand belohnen würden. Aber das haben sie nicht getan, und wie ich endlich erkannt habe, werden sie es auch nie tun. Deshalb ist mir das Herz schwer, denn ich will ein bemittelter Mann sein, will eigenes Land und Vieh besitzen, schöne Kleider und eine volle Geldbörse. Ich will gern hart dafür arbeiten, meine ganze Handfertigkeit dafür einsetzen, meine Schläue, aber dafür sollen meine Mühen auch ehrlich belohnt werden. Was ist los mit uns?, frage ich dich. Warum können wir nicht auch unseren gerechten Anteil an den schönen Dingen haben, die denen, die genug Gold besitzen, in so reichem Maße zuteilwerden?«

»Wenn ich darauf nur eine Antwort wüsste!«, erwiderte Kobbi. »Ich bin nicht weniger unzufrieden als du. Das, was ich mit meiner Leier verdiene, ist schnell aufgebraucht. Oft muss ich alle Kniffe anwenden, um meine Familie über die Runden zu bringen. Tief in meinem Innern sehne ich mich nach einem Instrument, das groß genug ist, die Melodien, die mir durch den Kopf gehen, wirklich gut wiederzugeben. Damit könnte ich eine Musik machen, die schöner wäre als alles, was der König je gehört hat.«

»Du solltest unbedingt ein solches Instrument besitzen, denn kein Mann in der ganzen Stadt könnte es süßer zum Klingen bringen. Du würdest ihm solch liebliche Töne entlocken, dass selbst die Götter erfreut wären. Aber wie soll das geschehen, wenn wir beide so arm wie die Sklaven des Königs sind? Hörst du die Glocke? Dort kommen sie!« Er deutete auf die Reihen halb nackter, schweißtriefender Wasserträger, die sich mühsam den schmalen Flussweg entlangschleppten. Die Sklaven gingen zu fünft nebeneinander, und jeder Einzelne war gebückt unter der Last eines schweren, mit Wasser gefüllten Behälters aus Ziegenleder.

»Der Mann, der sie anführt, ist eine stattliche Erscheinung.« Kobbi deutete auf den Mann mit der Glocke, der den anderen voranging, ohne selbst eine Last zu tragen. »Gewiss war er in seinem Heimatland eine Persönlichkeit von hohem Ansehen, das sieht man gleich.«

»Viele der Wasserträger haben schöne Gesichter«, pflichtete Bansir ihm bei. »Sie sind genauso tüchtige Männer wie wir. Große, blonde Männer aus dem Norden, lachende schwarze aus dem Süden und dort die kleinen, braun gebrannten aus den benachbarten Ländern. Allesamt quälen sie sich vom Fluss zu den Gärten hinauf und wieder zurück, Tag für Tag, Jahr für Jahr. Und da winkt kein Glück, auf das sie sich freuen dürften. Sie müssen auf Stroh schlafen und sich von zähem Haferbrei ernähren. Hab Mitleid mit den armen Kerlen, die sich selbst ausbeuten, weil sie sich keine finanzielle Bildung aneignen wollen, Kobbi!«

»Natürlich habe ich Mitleid mit ihnen. Doch gerade du öffnest mir eben die Augen, dass wir kaum besser dran sind, auch wenn wir uns freie Männer nennen.«

»Das ist wahr, Kobbi, so unerfreulich dieser Gedanke auch sein mag. Wir wollen nicht weiterhin Jahr für Jahr ein Sklavendasein fristen, bei dem wir uns placken und schinden und es doch zu nichts bringen; wir sollten uns dringend die finanzielle Bildung der Wohlhabenden aneignen!«

»Könnten wir nicht herausfinden, wie andere zu Gold kommen, und es ihnen dann nachmachen?«, fragte Kobbi.

»Vielleicht gibt es ein Geheimnis, das wir lüften könnten, wenn wir jene befragen würden, die es kennen«, erwiderte Bansir.

»Gerade heute bin ich unserem alten Freund Arkad begegnet, als er in seinem goldenen Wagen vorbeifuhr«, meinte Kobbi. »Und er sah nicht über mein bescheidenes Haupt hinweg, wie viele andere in seiner Stellung es tun würden. Stattdessen winkte er mir zu, sodass alle Leute sehen konnten, wie er Kobbi, dem Musikanten, seinen Gruß entbot und ihm ein freundschaftliches Lächeln schenkte.«

»Er gilt als der reichste Mann der Stadt«, bemerkte Bansir nachdenklich.

»Er ist so reich, dass selbst der König seinen Rat sucht, wenn es um den Staatsschatz geht«, erwiderte Kobbi.

»Er ist enorm reich«, unterbrach ihn Bansir. »Ich könnte nicht die Hand dafür ins Feuer legen, dass ich mich nicht an seiner prall gefüllten Geldbörse vergreifen würde, wenn ich ihm in dunkler Nacht begegnete.«

»Unsinn«, wies ihn Kobbi zurecht, »der Reichtum eines Menschen steckt nicht in der Börse, die er mit sich führt. Auch diese wird schnell leer, wenn sie nicht ständig mit Goldmünzen aufgefüllt wird. Arkad verfügt über ein Einkommen, das ihm stets eine volle Geldbörse sichert, auch wenn er sein Geld noch so freigiebig ausgibt.«

»Ein Einkommen, das ist es!«, platzte Bansir heraus. »Auch ich möchte ein Einkommen haben, das ständig meine Geldbörse füllt, ob ich nun auf der Mauer sitze oder in ferne Länder reise. Arkad müsste wissen, wie man sich ein solches Einkommen verschafft. Meinst du, er könnte dies auch einem begriffsstutzigen Menschen wie mir verständlich machen?«

»Ich glaube, er hat sein Wissen bereits seinem Sohn vermittelt«, erwiderte Kobbi.

»Ist dieser nicht nach Ninive gezogen, wo er nun, wie in der Schänke geredet wird, ohne die Hilfe seines Vaters einer der reichsten Männer der Stadt geworden ist?«

»Kobbi, du bringst mich auf einen Gedanken.« In Bansirs Augen leuchtete neue Hoffnung auf. »Es kostet doch nichts, sich einen weisen Rat bei einem guten Freund zu holen, und Arkad ist stets ein solcher gewesen. Auch wenn unsere Börsen so leer sind wie ein Falkennest vom letzten Jahr, soll uns dies nicht abhalten. Wir sind es satt, inmitten des größten Reichtums kein Gold zu besitzen! Wir sollen wohlhabende Männer werden. Lass uns zu Arkad gehen und ihn fragen, wie auch wir zu Einkommen gelangen können.«

»Deine Worte zeugen von großer Eingebung, Bansir. Du erhellst meinen Verstand mit neuem Licht und lässt mich den Grund erkennen, weshalb wir bis jetzt nicht Wohlstand gefunden haben: Wir haben nie danach gesucht. Du hast dich unermüdlich abgeplagt, die vollkommensten Wagen in der Stadt zu bauen. Diesem Ziel galt dein ganzes Streben, das du deshalb auch erreicht hast. Und ich habe mich bemüht, ein guter Leierspieler zu werden, was mir auch gelungen ist. Wir haben mit den Dingen Erfolg gehabt, die wir mit Fleiß angepackt haben. Die Götter waren es zufrieden, uns so weitermachen zu lassen. Jetzt aber tut sich ein Licht vor unseren Augen auf, so hell wie das der aufgehenden Sonne. Es gebietet uns, mehr Wissen zu erwerben, um endlich Wohlstand zu erlangen. Mit neuem Verständnis werden wir auf redliche Weise Möglichkeiten finden, uns unsere Wünsche zu erfüllen.«

»Lass uns noch heute zu Arkad gehen«, drängte Bansir. »Und lass uns auch unsere Freunde aus Kindheitstagen mitnehmen, denen es nicht besser ergeht als uns, damit auch sie aus seinem Wissen Nutzen ziehen können.«

»Du hast stets an deine Freunde gedacht, Bansir. Deshalb hast du auch so viele. Es soll so geschehen, wie du sagst. Noch heute machen wir uns auf den Weg und nehmen sie mit.«

Der reichste Mann der Stadt

In der Stadt lebte einst ein gewisser Arkad, ein unermesslich reicher Mann. Er war weit und breit seines Reichtums wegen, aber auch seiner Freigebigkeit wegen berühmt. Seine Mildtätigkeit war geradezu sprichwörtlich. Gegenüber seiner Familie zeigte er sich großzügig, und auch für sich selbst gab er das Geld mit vollen Händen aus. Und trotzdem vermehrte sich sein Reichtum schneller, als dass er ihn aufbrauchte.

Eines Tages kamen einige Jugendfreunde zu ihm und sagten: »Du, Arkad, hast mehr Glück als wir. Du bist der reichste Mann der Stadt, während wir ums Überleben kämpfen müssen. Du kannst die schönsten Kleider tragen und die erlesensten Speisen genießen; wir dagegen müssen froh sein, wenn wir unsere Familien halbwegs anständig kleiden und einigermaßen satt bekommen können. Aber einst waren wir alle gleich, haben beim gleichen Lehrer gelernt, an den gleichen Spielen teilgenommen. Du hast uns weder bei den Studien noch bei den Spielen übertroffen. Und in den darauffolgenden Jahren warst du auch kein ehrenhafterer Bürger als wir. Soweit wir es beurteilen können, hast du nicht härter oder gewissenhafter gearbeitet als wir. Warum also hat das launische Schicksal dich ausgewählt, alle schönen Dinge des Lebens zu genießen, und uns übersehen, obwohl wir es genauso verdienen würden?«

Hierauf entgegnete Arkad ihnen: »Wenn ihr seit unseren Jugendtagen nicht mehr als bloßen Lebensunterhalt erworben habt, dann deshalb, weil ihr es entweder versäumt habt, die Gesetze, die das Entstehen des Reichtums ermöglichen, zu erkennen, oder weil ihr sie nicht beachtet habt. Das launische Schicksal ist eine boshafte Göttin, die niemandem auf die Dauer Gutes beschert. Dagegen bewirkt sie den

Untergang fast jedes Menschen, den sie mit unverdientem Gold überschüttet. Sie macht die Verschwender übermütig, sodass sie bald wieder alles verprasst haben, was sie empfangen haben. Diese werden dann von einem unmäßigen Appetit und Wünschen gequält, die sie wegen ihrer Geldknappheit nicht mehr befriedigen können. Andere wiederum, die das Schicksal begünstigt, werden zu Geizhälsen und horten ihren Reichtum, haben Angst, das, was sie besitzen, auszugeben, da sie wissen, dass sie keine Möglichkeiten haben, es zu ersetzen. Außerdem leben sie in schrecklicher Angst vor Dieben und verdammen sich selbst zu einem Leben ohne Inhalt und voller Trübsal. Es mag auch solche geben, die unverdient Gold empfingen, es vermehrten und weiterhin als glückliche und zufriedene Bürger leben. Aber sie sind derart in der Minderzahl, dass ich nur vom Hörensagen von ihrer Existenz weiß. Stellt euch die Männer vor, die plötzlich zu Reichtum gekommen sind, und überlegt, ob es nicht so ist.«

Seine Freunde pflichteten ihm bei, dass dies bei den Männern, von denen sie wussten, dass sie Reichtümer geerbt hatten, tatsächlich der Fall war. Sie bestürmten ihn, er solle ihnen erklären, wie er zu solch großem Wohlstand gekommen sei.

Also fuhr Arkad fort: »In meiner Jugend blickte ich mich um und entdeckte all die schönen Dinge, die Glück und Zufriedenheit bereiten. Und ich erkannte, dass sie durch Reichtum besser erlangt werden können. Reichtum ist eine Macht, die vieles ermöglicht.

- Man kann sein Heim mit den kostbarsten Möbeln ausstatten.

- Man kann über ferne Meere segeln.

- Man kann die Schmuckstücke der Goldschmiede und Steinschleifer kaufen.

- Man kann sogar erhabene Tempel für die Götter errichten.

All dies kann man tun und vieles mehr, was die Sinne und die Seele erfreut. Und als ich all dies erkannte, beschloss ich, dass ich meinen Teil an den schönen Dingen des Lebens beanspruchen und nicht zu denen gehören würde, die abseits stehen und voller Neid beobachten, wie sich die anderen ein schönes Leben machen. Ich würde mich nicht damit begnügen, die billigsten Kleider zu tragen, würde mich nicht mit dem Los des armen Mannes abfinden. Im Gegenteil, ich würde an diesem Bankett teilnehmen. Da ich, wie ihr ja wisst, Sohn eines einfachen Kaufmanns bin, aus einer großen Familie stamme ohne jede Hoffnung auf ein Erbe und zudem, wie ihr so freimütig bemerkt habt, nicht gerade mit besonderen Gaben der Weisheit ausgestattet bin, erkannte ich, dass ich viel Zeit und Studien benötigen würde, um das Gewünschte zu erreichen. Was die Zeit angeht: Jeder Mensch besitzt sie im Übermaß. Viele von uns lassen zu viel kostbare Zeit mit Fernsehen, Social Media, Partys und so weiter verstreichen und blockieren damit ihren eigenen Weg zum Wohlstand. Doch ihr gebt zu, dass ihr nichts anderes vorzuweisen habt als eure guten Familien, auf die ihr mit Recht stolz sein könnt. Was die Studien anbetrifft: Hat nicht unser weiser Lehrer uns beigebracht, dass es zwei Arten des Lernens gibt? Die eine beinhaltet die Dinge, die wir gelernt haben und die wir demzufolge wissen; die andere besteht in dem Bemühen, festzustellen, was wir nicht wissen. Deshalb entschloss ich mich, herauszufinden, wie man Reichtümer anhäufen kann. Als ich es erkannt hatte, nahm ich mir vor, diese Aufgabe gut zu erfüllen. Denn ist es nicht weise, dass wir uns unseres Daseins erfreuen, solange wir uns im hellen Schein der Sonne bewegen? Denn noch genug Betrübnis wird uns umfangen, wenn wir in die Dunkelheit der Welt des Geistes eintauchen.

Ich fand eine Anstellung als Schreiber in der Schreibhalle und war viele Stunden des Tages über meine Tontafeln gebeugt. Woche für Woche und Monat für Monat schuftete ich, aber mein Verdienst war gleich null. Nahrung, Kleidung, Opfer für die Götter und alle möglichen anderen Dinge fraßen meinen gesamten Verdienst auf. Aber mein Entschluss stand unerschütterlich fest. Da kam eines Tages Algamish, der Geldverleiher, ins Haus des Stadtältesten und gab eine Abschrift des neunten Gesetzes in Auftrag. Er sagte zu mir: ›Ich muss es in zwei Tagen haben, und wenn die Arbeit bis dahin fertig ist, gebe ich dir zwei Kupfermünzen.‹ Also mühte ich mich ab, aber das Gesetz war sehr lang, und als Algamish zurückkehrte, war ich noch nicht ganz fertig. Er war verärgert, und wäre ich ein Sklave gewesen, hätte er mich geschlagen. Aber da er wusste, dass der Stadtälteste dies nicht zulassen würde, hatte ich keine Angst und sagte zu ihm: ›Algamish, Ihr seid ein sehr reicher Mann. Erklärt mir, wie ich ebenfalls reich werden kann, und ich werde die ganze Nacht durch schreiben und Euch bei Sonnenaufgang Eure Tafeln überreichen.‹ Er lächelte mich an und erwiderte: ›Du bist ein vorlauter Knabe, aber der Handel gilt.‹ Ich arbeitete die ganze Nacht an den Tontafeln, obwohl mein Rücken schmerzte und der Qualm des Dochts mir Kopfweh verursachte und ich kaum etwas sehen konnte. Aber als Algamish bei Sonnenaufgang zurückkehrte, waren die Tafeln fertig. ›Nun‹, sagte ich, ›erzählt mir, was Ihr mir versprochen habt.‹ ›Du hast diesen Teil des Handels erfüllt, mein Sohn‹, sagte er freundlich zu mir, ›und ich bin bereit, meinen zu erfüllen. Ich werde dir die Dinge erzählen, die du wissen willst, weil ich allmählich alt werde, und alte Männer reden gern. Und wenn ein junger Mann den Rat eines alten sucht, wird ihm die Weisheit vergangener Zeit übermittelt und profitiert deshalb, aber denke daran: Die Sonne, die heute scheint, ist die gleiche, die an dem Tag schien, als dein Vater geboren wurde, und sie wird immer noch scheinen, wenn dein letzter Enkel in die Dunkelheit eingeht.‹

›Die Gedanken der Jugend‹, fuhr er fort, ›scheinen so hell wie die Meteore, die häufig den Himmel erstrahlen lassen, aber die Weisheit des Alters gleicht den Fixsternen, deren Schein sich nicht verändert, sodass der Seemann sich auf sie verlassen kann, um seinen Kurs zu steuern. Präge dir meine Worte gut ein, denn wenn du es nicht tust, wirst du das, was ich dir erzählen werde, nicht begreifen und wirst annehmen, dass du vergeblich die ganze Nacht durchgeschuftet hast.‹ Dann blickte er mich unter seinen buschigen Augenbrauen scharf an und sagte eindringlich: ›Als ich beschloss, dass ich einen Teil meines Verdienstes sparen würde, habe ich den Weg zum Reichtum gefunden. Und du wirst es genauso machen.‹ Er sah mich durchdringend an, schwieg aber. ›Ist das alles?‹, fragte ich. ›Das war genug, um das Herz eines Schafhirten in das eines Geldverleihers zu verwandeln‹, erwiderte er. ›Aber alles, was ich verdiene, gehört doch sowieso mir, oder?‹, fragte ich. ›Weit gefehlt‹, antwortete er mir. ›Musst du nicht den Kleider- und Sandalenmacher bezahlen? Musst du nicht deine Nahrungsmittel bezahlen? Kannst du in der reichen Stadt leben, ohne Geld auszugeben? Was ist dir von deinem Verdienst vom letzten Monat übrig geblieben, was vom letzten Jahr? Du Dummkopf! Du bezahlst jeden, außer dich selbst, arbeitest im Grunde für andere, wie ein Sklave, der von seinem Herrn Essen und Kleidung erhält. Wenn du ein Zehntel deines Verdienstes auf die Seite legen würdest, wie viel hättest du dann in zehn Jahren?‹ Meine Kenntnisse der Zahlen ließen mich nicht im Stich, und ich antwortete: ›So viel, wie ich in einem Jahr verdiene.‹ ›Du sagst nur die halbe Wahrheit‹, konterte er. ›Jedes Goldstück, das du sparst, ist ein Sklave, der für dich arbeitet. Jede Kupfermünze, die dieser verdient, ist sein Kind, das ebenfalls für dich arbeiten kann. Wenn du reich werden willst, muss das, was du sparst, Früchte tragen und diese ihrerseits ebenfalls, damit du den Überfluss bekommst, nach dem du strebst. Du glaubst, ich würdige deine Nachtarbeit nicht‹, fuhr er fort, ›aber ich bezahle dir das Tausendfache dafür, wenn du so intelligent bist, das zu begreifen, was ich dir erkläre. Du solltest einen Teil deines Verdienstes sparen. Es sollte nicht weniger als ein Zehntel sein, egal, wie wenig du verdienst. Es kann auch mehr sein, als du dir gelegentlich leisten kannst. Bezahle immer zuerst dich selbst. Erwirb beim Leiderund Sandalenmacher nicht mehr, als du bezahlen kannst, und achte darauf, dass du noch genug für Essen und Wohltätigkeiten zurückbehältst. Reichtum erwächst, genau wie ein Baum, aus einem winzigen Samen. Die ersten Kupfermünzen, die du sparst, sind der Samen, aus dem dein Baum des Reichtums emporwachsen wird. Je früher du den Samen in die Erde pflanzt, desto schneller sprießt der Baum. Und je gewissenhafter du diesen Baum gießt und durch stetes Sparen nährst, desto früher kannst du zufrieden in seinem Schatten ausruhen.‹

Nach diesen Worten nahm er seine Tafeln und entfernte sich. Ich dachte viel über das nach, was er erzählt hatte, und es erschien mir vernünftig. Also beschloss ich, es zu versuchen. Immer wenn ich meinen Lohn bekam, legte ich jede zehnte Kupfermünze beiseite. Und so seltsam es scheinen mag, mein Geld war auch nicht knapper als vorher, ich spürte kaum einen Unterschied, da ich es schaffte, ohne dieses Zehntel auszukommen. Aber als mein Schatz sich anhäufte, war ich des Öfteren versucht, einen Teil davon für die hübschen Dinge auszugeben, welche die Händler auf Kamelen oder Schiffen aus dem Land der Phönizier bezogen. Aber ich widerstand der Versuchung.

Zwölf Monate später kehrte Algamish zurück und sagte zu mir: ›Nun, mein Sohn, hast du dir ein Zehntel deines Verdienstes im letzten Jahr zurückgelegt?‹ Ich antwortete mit Stolz: ›Ja, mein Herr, das habe ich.‹ ›Das ist fein‹, erwiderte er und strahlte mich an. ›Und was hast du damit getan?‹ ›Ich habe es Azmur, dem Ziegelsteinbauer, gegeben, der mir sagte, er werde über die Meere fahren und mir in Tyrus die erlesenen Juwelen der Phönizier kaufen. Wenn er zurückkommt, werden wir sie zu einem hohen Preis verkaufen und uns den Gewinn teilen.‹ ›Jeder Dummkopf muss lernen‹, brummte er, ›aber wie kannst du einem Ziegelbrenner vertrauen, wenn es um Juwelen geht? Würdest du den Bäcker über Sterne befragen? Nein, bei meinem Bart, du würdest den Astrologen aufsuchen, wenn du klug wärst. Deine Ersparnisse kannst du vergessen, Junge, denn du hast deinen Baum des Reichtums mit den Wurzeln ausgerissen. Aber pflanze gleich den nächsten. Versuch es erneut. Und wenn du dich das nächste Mal über Juwelen kundig machen willst, geh zum Juwelenhändler. Willst du etwas über Schafe erfahren, wende dich an den Schafhirten. Ratschläge werden kostenlos erteilt, aber achte darauf, dass du nur annimmst, was sich lohnt. Wer sich über seine Ersparnisse von jemandem beraten lässt, der keine finanzielle Bildung hat, muss dafür mit seinem Ersparten bezahlen‹

Nach diesen Worten ging er seines Weges. Und es war genauso, wie er es vorausgesagt hatte. Denn Phönizier sind Schurken und sie verkauften Azmur wertlosen Talmi, der wie echt aussah. Aber wie Algamish mir vorgeschlagen hatte, sparte ich erneut jede zehnte Kupfermünze, denn ich hatte mich inzwischen daran gewöhnt, und so war es nicht weiter schwierig.

Wieder ein Jahr später kam Algamish in die Schreibhalle und wandte sich an mich. ›Welche Fortschritte hast du gemacht, seit wir uns zuletzt gesehen haben?‹ ›Ich habe gewissenhaft ein Zehntel meiner Einkünfte beiseitegelegt‹, erwiderte ich, ›und habe meine Ersparnisse Agger, dem Schildmacher, anvertraut, damit er Bronze kaufe. Alle vier Monate zahlt er mir die Rendite aus.‹ ›Das ist sehr klug. Und was tust du mit der Rendite?‹ ›Damit veranstalte ich ein großes Fest mit Honig, gutem Wein und Gewürzkuchen. Ich habe dafür auch eine scharlachrote Tunika erworben. Und eines Tages werde ich mir einen jungen Esel kaufen, auf dem ich reiten kann.‹ Algamish lachte schallend ›Du verzehrst die Kinder deiner Ersparnisse! Wie sollen sie für dich arbeiten können? Und wie können sie wiederum Kinder bekommen, die ebenfalls für dich arbeiten? Sorge erst dafür, dass du dir eine Armee goldener Sklaven anschaffst, dann kannst du dir unbesorgt üppige Bankette leisten.‹

Nach diesen Worten zog er sich wieder zurück. Ich habe ihn dann erst zwei Jahre später wiedergesehen. Dieses Mal war sein Gesicht voller tiefer Furchen und seine Augen blickten müde; er wirkte plötzlich sehr alt. Er wandte sich an mich und sagte: ›Arkad, hast du bereits den Reichtum erlangt, von dem du geträumt hast?‹ Ich antwortete: ›Noch nicht ganz, aber zum Teil, und das Geld vermehrt sich und die Kinder davon ebenfalls.‹ ›Und hörst du immer noch auf den Rat von Ziegelbrennern?‹ ›Über das Ziegelbrennen wissen sie Rat‹, erwiderte ich. ›Arkad‹, fuhr er fort, ›du hast deine Lektion gut gelernt. Zuerst hast du dir angewöhnt, mit weniger zurechtzukommen, als du verdient hast. Meine Geschäfte sind weitverzweigt, und ich kann mich nicht mehr allein darum kümmern. Wenn du nach Nippur gehst, um dich dort um meine Ländereien zu kümmern, mache ich dich zu meinem Partner und Teile meinen Besitz mit dir.‹

Also begab ich mich nach Nippur und verwaltete seine Besitztümer. Da ich voller Ehrgeiz war und die drei Gesetze des erfolgreichen Verwaltens von Reichtum beherrschte, konnte ich den Wert seiner Ländereien beträchtlich erhöhen. So gelangte ich zu großem Wohlstand, und als Algamish' Geist in das Reich der Dunkelheit aufbrach, wurde ich Erbe seines Vermögens, wie er es gesetzlich festgelegt hatte«, so sprach Arkad.

Als er mit seinem Bericht fertig war, sagte einer seiner Freunde: »Du hattest wirklich Glück, dass Algamish dich als Erben eingesetzt hat.«

»Glück nur insofern, dass ich, noch bevor ich ihn kennenlernte, den Wunsch verspürte, reich zu werden. Habe ich nicht vier Jahre lang meine eiserne Entschlossenheit gezeigt, indem ich ein Zehntel meines Verdienstes zur Seite legte? Würdet ihr sagen, ein Fischer, der jahrelang die Gewohnheiten der Fische studiert und die Netze immer an der richtigen Stelle auslegt, habe Glück? Die Gelegenheit ist eine hochmütige Göttin, die keine Zeit mit jenen vergeudet, die unvorbereitet sind.«

»Du hast starke Willenskraft bewiesen. Da du, nachdem du deine ersten Ersparnisse verloren hattest, weiterhin Geld zur Seite gelegt hast, bist du in dieser Hinsicht ungewöhnlich«, bemerkte ein anderer.

»Willenskraft!«, blaffte Arkad. »Was für ein Unsinn! Glaubt ihr, Willenskraft gäbe einem Mann die Stärke, eine Last zu heben, die ein Kamel nicht tragen kann, oder eine Ladung zu ziehen, die selbst Ochsen nicht bewegen können? Willenskraft ist lediglich die unerschütterliche Absicht, eine selbst gestellte Aufgabe zu vollenden. Wenn ich mir etwas vornehme, sei es auch noch so banal, lasse ich mich durch nichts davon abbringen. Wie sonst soll ich das Selbstvertrauen gewinnen, um auch bedeutende Vorhaben durchzuführen? Wenn ich mir zum Beispiel vornehmen würde: ›Wenn ich hundert Tage lang über die Brücke in die Stadt gehe, hebe ich jedes Mal einen Stein auf und werfe ihn in den Fluss‹, würde ich es tun. Wenn ich am siebten Tag vorbeiginge, ohne mich daran zu erinnern, würde ich nicht zu mir sagen: ›Morgen werde ich zwei Steine in den Fluss werfen, das kommt auf das Gleiche hinaus.‹ Stattdessen würde ich denselben Weg zurückkehren und den Stein in den Fluss werfen. Ich würde auch nicht am zwanzigsten Tag zu mir sagen: ›Arkad, das ist sinnlos. Was nützt es dir, jeden Tag einen Stein in den Fluss zu werfen? Wirf eine Handvoll hinein und lass es damit gut sein.‹ Nein, das würde ich weder sagen noch tun. Wenn ich mir eine Aufgabe vornehme, führe ich sie zu Ende. Deshalb achte ich darauf, keine schwirigen und unangenehmen Aufgaben in Angriff zu nehmen, denn meine Bequemlichkeit geht mir über alles.«

Da meldete sich ein anderer Freund zu Wort und meinte: »Wenn das, was du sagst, stimmt – und deine Worte klingen durchaus vernünftig – , dann würde es wohl, wenn alle Männer danach verfahren würden, da es doch so einfach ist, nicht genug Schätze für alle geben.«

»Reichtum entsteht immer da, wo Männer Tatkraft zeigen«, erwiderte Arkad. »Wenn sich ein reicher Mann einen neuen Palast errichten lässt, ist dann das Gold, das er dafür aufwendet, vergeudet? Nein, denn der Ziegelbrenner hat Anteil daran und der Bauarbeiter und der Baumeister. Und alle anderen, die an dem Haus arbeiten, nehmen daran teil. Doch wenn der Palast vollendet ist, ist er dann nicht alle Aufwendung wert? Und ist der Grund, auf dem er steht, dadurch nicht mehr wert? Und hat das angrenzende Grundstück nicht auch deshalb größeren Wert, weil es sich dort befindet? Reichtum vermehrt sich auf wundersame Weise. Kein Mensch kann seine Grenzen voraussagen. Haben nicht die Phönizier mit dem Reichtum, den sie durch ihre Handelsschiffe erlangt haben, große Städte an unfruchtbaren Küsten erbaut?«

»Was also rätst du uns zu tun, damit wir ebenfalls reich werden?«, fragte ein anderer seiner Freunde. »Die Jahre sind verstrichen, wir sind keine jungen Männer mehr und haben nichts beiseitegelegt.«

»Ich rate euch, die Weisheiten von Algamish zu erkennen und euch vorzunehmen, **ab heute nicht weniger als zehn Prozent eures Verdienstes konsequent auf die Seite zu legen**. Sagt es euch so lange vor, bis die Worte wie Buchstaben aus Feuer am Himmel stehen. Lasst euch von dieser Vorstellung durchdringen, lasst diesen Gedanken in euch einsickern. Dann legt den Teil zur Seite, der euch als angemessen erscheint. Es sollte nicht weniger als ein Zehntel sein; je früher ihr anfängt, desto besser. Ordnet eure übrigen Ausgaben so, dass dies möglich ist. Aber spart zuerst dieses Zehntel. Bald werdet ihr feststellen, welch gutes Gefühl es ist, einen Schatz zu besitzen, auf den ihr allein Anspruch habt. Je mehr er wächst, desto mehr regt er euch an. Neue Lebensfreude wird euch erfüllen. Ihr werdet euch noch mehr anstrengen, um mehr zu verdienen. Denn je höher euer Verdienst ist, desto größer sind eure Ersparnisse. Dann müsst ihr lernen, euer Geld für euch arbeiten zu lassen, es zu eurem Sklaven zu machen. Sorgt dafür, dass seine Kinder und dessen Kinder für euch arbeiten. Sichert euch ein Einkommen für eure Zukunft. Kümmert euch aber auch um die Alten, und vergesst nicht, dass ihr in absehbarer Zeit auch zu ihnen gehören werdet. Investiert deshalb euer Vermögen mir größter Vorsicht, damit es nicht verloren geht. Unrealistische Gewinne sind trügerische Sirenen, die den Achtlosen auf den Felsen des Verlusts und der Zerknirschung locken. Sorgt auch dafür, dass eure Familie nicht Mangel leidet, wenn die Götter auch euch in ihr Reich holen werden. Ihr könnt Vorsorge für eure Lieben treffen, indem ihr in regelmäßigen Abständen kleine Beträge zurücklegt. Deshalb verlässt sich der vorausschauende Mann nicht darauf, dass in diesem Fall eine große Summe zur Verfügung steht. Lasst euch von klugen Männern beraten. Sucht den Rat solcher Männer, die täglich mit Geld zu tun haben. Lasst sie euch vor solch einem Irrtum bewahren, wie ich ihn begangen habe, indem ich mein Geld dem Urteilsvermögen von Azmur, dem Ziegelbrenner, anvertraute. Ein kleiner, sicherer Ertrag ist weitaus erstrebenswerter als eine risikoreiche Investition. Genießt das Leben, solange ihr auf Erden weilt. Übertreibt es nicht, versucht aber auch nicht, zu viel zu sparen. Wenn ihr mühelos ein Zehntel eurer Einkünfte sparen könnt, begnügt euch damit. Lebt im Übrigen eurem Einkommen entsprechend, seid nicht knauserig oder ängstlich, Geld auszugeben. Das Leben ist schön und voll lohnender, erfreulicher Dinge.«

Seine Freunde dankten ihm und gingen dann ihrer Wege. Einige schwiegen, denn sie hatten keine Fantasie und konnten die Worte ihres Freundes nicht begreifen. Andere äußerten sich sarkastisch, weil sie der Meinung waren, dass jemand, der so reich war, seinen Reichtum mit seinen alten Freunden, die nicht so viel Glück gehabt hatten, teilen sollte. Aber einigen wenigen war ein Licht aufgegangen. Sie erkannten, dass Algamish deshalb immer wieder zu dem Schreiber zurückgekehrt war, weil er beobachtet hatte, wie sich ein Mann seinen Weg aus der Dunkelheit ins Licht bahnte. Als dieser Mann das Licht gefunden hatte, wartete eine gute Position auf ihn, die jemand erst ausfüllen konnte, wenn er seinen eigenen Weg gefunden hatte und deshalb bereit war, die Gelegenheit beim Schopf zu ergreifen. Im Laufe der nächsten Jahre suchten diese Freunde Arkad des Öfteren auf. Er empfing sie jedes Mal freundlich, beratschlagte sich mit ihnen und gab ihnen sein Wissen weiter, denn Männer mit viel Erfahrung sind immer gern dazu bereit. Und er half ihnen, ihre Ersparnisse gut anzulegen, mit einem sicheren Ertrag, und achtete darauf, dass sie keine Investitionen tätigten, die keine Gewinne einbrachten. Der Wendepunkt im Leben dieser Männer trat an dem Tage ein, als sie die Wahrheit erkannten, die Algamish Arkad vermittelt hatte und dieser seinerseits an sie: **Ihr müsst den zehnten Teil eures Verdienstes sparen, und zwar konsequent.**

Sieben Methoden,
eine leere Geldbörse zu füllen

Der Reichtum einer Stadt gründet auf der Weisheit seiner Bewohner, denn diese hatten erst lernen müssen, wie man reich wird. Als Sargon, der gute König, nach dem Sieg über seine Feinde in die Stadt zurückkehrte, sah er sich einer ernsten Situation gegenüber. Sein Kanzler erklärte sie ihm folgendermaßen: »Nach vielen Jahren großen Wohlstands, den unser Volk genoss, weil Eure Majestät die großen Bewässerungskanäle haben erbauen lassen, scheinen unsere Leute, nachdem diese Werke vollendet sind, nicht mehr in der Lage zu sein, sich selbst ernähren zu können. Die Arbeiter haben keine Arbeit, die Kaufleute nur wenige Kunden, die Bauern können ihre Produkte nicht verkaufen und die Menschen haben nicht genug Gold, um sich Nahrungsmittel zu kaufen.« »Aber was ist aus all dem Gold geworden, das wir für diese großen Projekte ausgegeben haben?«, wollte der König wissen. »Ich befürchte«, erwiderte der Kanzler, »es ist in die Hände einiger weniger reicher Männer unserer Stadt geflossen, und zwar schneller, als der Sand durch die Sanduhr rinnt. Da nun der Goldfluss versiegt ist, besitzen die meisten unserer Bürger nichts mehr, womit sie ihren Lebensunterhalt verdienen können.« Der König war eine Zeit lang in Gedanken versunken, dann fragte er: »Warum sind wohl nur so wenige Männer fähig, das viele Gold zu erwerben?« »Weil sie wissen, wie«, erwiderte der Kanzler knapp. »Man kann einen Mann, der Erfolg hat, nicht verdammen, nur weil er weiß, wie es geht. Noch darf man, sofern man Gerechtigkeitssinn besitzt, einem Mann das wegnehmen, was er sich ehrlich verdient hat, um es Männern mit wenigen Fähigkeiten zu geben.« »Aber warum«, fragte der König, »sollen nicht alle Menschen lernen, wie man Gold anhäuft und folglich reich und wohlhabend wird?« »Das ist durchaus möglich, Majestät, aber wer kann es ihnen beibringen? Gewiss nicht die Priester, denn sie wissen nicht, wie man zu Geld kommt.« »Wer in unserer Stadt versteht sich am besten darauf, reich zu werden, Kanzler?«, wollte der König wissen. »Diese Frage beantwortet sich von selbst, Majestät. Wer hat in der Stadt den größten Reichtum angehäuft?« »Eine gute Antwort, mein schlauer Kanzler. Natürlich Arkad. Er ist der reichste Mann der Stadt. Bring ihn morgen zu mir!«

Am nächsten Tag erschien Arkad, wie befohlen, vor dem König. Er hielt sich trotz seiner siebzig Jahre aufrecht und wirkte recht vital. »Arkad«, wandte sich der König an ihn, »stimmt es, dass du der reichste Mann der Stadt bist?« »So heißt es, Majestät, und niemand bestreitet es.« »Wie bist du so reich geworden?« »Indem ich Gelegenheiten nutzte, die sich allen Bürgern unserer schönen Stadt bieten.« »Und du hast am Anfang nichts besessen?« »Nur den glühenden Wunsch, reich zu werden, sonst nichts.« »Arkad«, fuhr der König fort, »unsere Stadt befindet sich in einer sehr misslichen Lage, weil einige Männer es verstehen, Reichtum anzusammeln und zu monopolisieren, während es den meisten unserer Bürger am Wissen fehlt, wie sie einen Teil ihres Goldes sparen sollen. Es ist mein Wunsch, dass unsere Stadt die reichste Stadt der Welt werde, deshalb muss es hier viele reiche Menschen geben. Aus diesem Grund müssen wir allen Mitbürgern beibringen, wie sie Reichtümer erwerben. Sag mir, Arkad, gibt es irgendein Geheimnis, reich zu werden? Kann man es erlernen?« »Aber gewiss, Majestät. Das, was einer weiß, kann er auch an andere weitergeben.« Der Blick des Königs hellte sich auf. »Arkad, du sprichst mir die Worte, die ich hören möchte. Willst du dich für diese große Sache zur Verfügung stellen? Willst du dein Wissen einer Schule von Lehrern weitergeben, von denen jeder wiederum andere unterweisen soll, bis es genügend Männer gibt, die genug wissen, um diese Wahrheiten an jeden würdigen Untertanen meines Reiches weitergeben zu können?« Arkad verneigte sich und antwortete: »Ich bin Euer demütiger Diener. Was auch immer ich an Wissen besitze, vermittle ich gerne zum Besten meiner Mitmenschen und zum Ruhme meines Königs weiter. Lasst Euren klugen Kanzler eine Gruppe von hundert Mann zusammenstellen und ich werde sie die sieben Methoden lehren, die meine Geldbörse, die damals die leerste in der ganze Stadt war, prall füllten.«

Vierzehn Tag später versammelten sich die besagten hundert Männer gemäß dem Wunsch des Königs in der Großen Halle des Tempels des Lernens und setzten sich im Halbkreis. Arkad hatte neben einem kleinen Hocker Platz genommen, auf dem eine geweihte Lampe einen fremdartigen, aber angenehmen Duft verströmte. »Sieh da, der reichste Mann der Stadt«, flüsterte ein Student seinem Nachbarn zu, als Arkad sich erhob. »Der ist auch nicht anders als wir«, erwiderte der Nachbar trocken.

»Als pflichtbewusster Untertan unseres großen Königs«, begann Arkad, »stehe ich in seinem Auftrag vor euch. Da ich einst ein armer Junge war, der sich inbrünstig nach Gold sehnte, und weil ich das Wissen fand, das mich befähigte, es zu erwerben, bittet er mich, mein Wissen an euch weiterzugeben.

Ich schuf mir mein Vermögen auf die bescheidenste Art, besaß nicht die Privilegien, die ihr und alle Bürger der Stadt in vollem Maße genießt. Ich begründete mein Vermögen mit einer abgewetzten Geldbörse, deren gähnende Leere ich verabscheute. Ich wünschte mir, dass sie rund und prall sei, voll klingender Goldmünzen. Deshalb suchte ich nach Abhilfe und fand sieben Methoden. Euch, die ihr hier vor mir versammelt seid, werde ich die sieben Methoden erklären, dank deren eine leere Geldbörse gefüllt werden kann. Ich empfehle sie allen, die viel Gold erwerben wollen. An sieben Tagen werde ich euch jeweils eine der sieben Methoden erklären. Hört aufmerksam zu, was ich euch an Wissen zu vermitteln habe, und diskutiert mit mir und untereinander darüber. Lernt diese Lektionen gründlich, damit ihr in eure eigene Geldbörse den Samen des Reichtums pflanzt.

Zuerst muss sich jeder von euch ein eigenes Vermögen aufbauen. Dann erst seid ihr befähigt, diese Wahrheiten anderen zu vermitteln. Ich werde euch mit einfachen Worten beibringen, wie ihr eure

Geldbörse anschwellen lassen könnt. Das ist der erste Schritt, der zum Tempel des Reichtums führt. Diesen Tempel kann kein Mensch erklimmen, der nicht mit beiden Füßen auf der ersten Stufe steht. Nun wollen wir die erste Methode näher untersuchen.«

Die 1. Methode:
Fangt an, eure Geldbörse zu füllen!

Arkad wandte sich an einen nachdenklichen Mann in der zweiten Reihe. »Guter Mann, welches Handwerk übst du aus?« »Ich«, antwortete der Mann, »bin ein Schreiber und ritze Berichte auf Tontafeln.« »Mit solcher Arbeit erwarb auch ich meine ersten Kupfermünzen. Deshalb hast du die gleichen Möglichkeiten, dir ein Vermögen aufzubauen.« Dann sprach er einen rotgesichtigen Mann weiter hinten an. »Bitte, sag mir, womit du dein Brot verdienst.« »Ich«, antwortete der Mann, »bin ein Fleischer. Ich kaufe die Ziegen, welche die Bauern züchten, schlachte sie und verkaufe das Fleisch den Hausfrauen, die Häute den Sandalenmachern.« »Da du arbeitest und verdienst, hast du alle Chancen, das Gleiche zu erreichen wie ich.« Auf diese Weise fand Arkad heraus, wie jeder seinen Lebensunterhalt verdiente. Als er seine Befragung beendet hatte, sagte er: »Nun, meine lieben Studenten, ihr werdet jetzt erkannt haben, dass es viele Geschäfte und Tätigkeiten gibt, bei denen man allerlei Münzen verdienen kann. **Jede Verdienstmöglichkeit bedeutet einen Zufluss von Goldmünzen, von dem der Arbeiter durch seine Arbeit einen Teil in eine eigene Börse abführt.** Deshalb füllt sich die Börse eines jeden von euch mit Münzen. Je nach Fähigkeiten sind es viele oder wenige. Ist es nicht so?« Alle nickten und pflichteten ihm bei. »Wenn sich nun jeder von euch ein Vermögen aufbauen möchte, ist es dann nicht klug, wenn er damit beginnt, diese Quelle des Reichtums, die er bereits besitzt, zu nutzen?« Wiederum nickten alle und pflichteten ihm bei. Dann wandte sich Arkad einem bescheidenen Mann zu, der sich als Eierhändler zu erkennen gegeben hatte. »Wenn du einen deiner Körbe nimmst und jeden Abend neun Eier herausnimmst, was wird dann passieren?« »Mit der Zeit wird der Korb überquellen.«

»Warum?« »Weil ich jeden Tag ein Ei mehr hineinlege, als ich herausnehme.« Arkad wandte sich mit einem Lächeln an die Gruppe. »Hat hier jemand von euch eine leere Geldbörse?« Zuerst blickten die Männer amüsiert, dann brachen sie in Lachen aus. Und zuletzt schwenkten sie ihre Geldbörse zum Spaß. »Gut«, fuhr Arkad schmunzelnd fort, »jetzt werde ich euch die erste Methode zur Behebung einer leeren Geldbörse erklären. Macht es genauso, wie ich es dem Eierhändler geraten habe. *Von den zehn Münzen, die ihr in eure Geldbörse steckt, nehmt ihr neun zum Verbrauch heraus. Danach wird sich eure Börse sofort aufblähen, und das größere Gewicht wird sich in eurer Hand gut anfühlen und eure Seele befriedigen.* Belacht nicht meine Worte wegen ihrer Schlichtheit; die Wahrheit ist immer einfach. Aber ich habe euch ja versprochen, euch zu verraten, wie ich reich geworden bin. Auch ich trug eine leere Geldbörse mit mir herum und verfluchte sie, da sie nichts enthielt, um meine Wünsche zu erfüllen. Aber als ich damit anfing, nur mehr neun Münzen von zehn herauszunehmen, begann sie, praller zu werden. So wird es auch mit eurer geschehen. Nun werde ich euch eine seltsame Wahrheit verraten, die mir selbst unerklärlich ist. Als ich damit aufhörte, mehr als neun Zehntel meines Verdienstes auszugeben, kam ich mit meinem Geld genauso gut zurecht wie vorher. Ja, binnen Kurzem flossen mir die Münzen leichter zu als zuvor. Es ist gewiss ein Gesetz der Götter, dass dem, der einen bestimmten Teil seines Verdienstes spart und nicht ausgibt, das Gold leichter zufließt. Genauso wie das Gold demjenigen aus dem Weg geht, der eine leere Geldbörse besitzt. Was wünscht ihr euch am meisten? Wollt ihr euch alltägliche Wünsche erfüllen? Schmuck, etwas Putz, bessere Kleidung und mehr Nahrungsmittel – Dinge, die schnell wieder verbraucht sind? Oder lieber etwas von Dauer, wie zum Beispiel Gold, Ländereien, Herden, Waren, einträgliche Investitionen? Die Münzen, die ihr eurer Geldbörse entnehmt, erfüllen die erstgenannten Wünsche, die Münzen, die ihr in der Börse lasst, die letztgenannten. Dies, meine lieben Studenten, war die erste Methode, die ich entdeckt hatte, um etwas gegen meine leere Geldbörse zu unternehmen: Von zehn Münzen, die ich in die Geldbörse stecke, nehme ich mir nur neun heraus. – Diskutiert miteinander darüber. Wenn jemand beweisen kann, dass dies nicht stimmt, dann soll er es mir am morgigen Tag sagen, wenn wir uns wiedertreffen.«

Die 2. Methode:
Kontrolliert eure Ausgaben!

»Einige unter euch haben folgende Fragen an mich gestellt: ›Wie kann man ein Zehntel aller Münzen, die in die Börse fließen, sparen, wenn das gesamte Geld, das man verdient, nicht einmal die nötigen Ausgaben deckt?‹«

Mit diesen Worten eröffnete Arkad den zweiten Tag. »Wie viele von euch haben gestern leere Geldbörsen bei sich getragen?« »Alle von uns«, antworteten sämtliche Teilnehmer einmütig. »Aber ihr verdient nicht alle das Gleiche. Einige haben viel größere Familien zu unterhalten. Und doch waren alle Börsen gleichermaßen leer. Nun will ich euch eine ungewöhnliche Wahrheit über Männer und die Söhne dieser Männer verraten: Das, was wir als ›notwendige Ausgaben‹ bezeichnen, wird immer entsprechend unserem Einkommen wachsen, sofern wir uns nicht etwas anderes vornehmen. *Verwechselt nicht die notwendigen Ausgaben mit euren Wünschen!* Ihr und eure Familienangehörigen habt mehr Wünsche, als durch eure Einkünfte befriedigt werden können. Deshalb wird euer Verdienst zur Erfüllung dieser Wünsche verwendet. Und doch bleiben noch viele Wünsche unerfüllt. Die meisten Menschen leiden darunter, dass sie mehr Wünsche hegen, als sie sich erfüllen können. Ihr glaubt wohl, dass ich mir aufgrund meines Reichtums alle Wünsche erfüllen kann? Das ist eine irrige Vorstellung. Zum Beispiel sind meine Zeit und meine Kraft begrenzt. Die Entfernungen, die ich zurücklegen kann, ebenso. Ich kann nicht alles essen, wozu ich Lust habe, und auch meiner Genussfähigkeit sind Grenzen gesetzt. Ich sage euch, genauso wie das Unkraut in einem Feld überall da wuchert, wo es Platz findet, genauso breiten sich die Wünsche der Menschen aus, wenn sich die

Möglichkeit bietet, dass diese erfüllt werden. Ihr werdet von mannigfachen Wünschen beherrscht, und es sind nur wenige, die ihr befriedigen könnt. Untersucht gründlich eure Lebensgewohnheiten. Dabei werdet ihr höchstwahrscheinlich bestimmte Ausgaben entdecken, die ihr stillschweigend hinnehmt, die aber reduziert oder ganz gestrichen werden könnten. Schreibt deshalb auf eure Tontafeln die Dinge, für die ihr Geld ausgeben wollt. Wählt jene aus, die notwendig sind, und diejenigen, die bei der Verwendung von neun Zehnteln eures Einkommens möglich sind. Streicht die restlichen Posten und betrachtet sie als Teil jener Vielzahl von Wünschen, die nicht erfüllt werden können, und weint ihnen nicht nach. Dann rechnet eure notwendigen Ausgaben aus, unter Auslassung des einen Zehntels, das eure Geldbörse auffüllt. Lasst dieses euren großen Wunsch sein, der erfüllt wird. Haltet euch an euren Finanzplan und bringt ihn immer wieder auf den neuesten Stand. Er soll euer erster Assistent auf dem Weg zu einem Vermögen sein.«

Daraufhin erhob sich einer der Studenten, der ein rotgoldenes Gewand trug, und sagte: »Ich bin ein freier Mann und glaube, dass es mein gutes Recht ist, die schönen Dinge des Lebens zu genießen. Deshalb lehne ich mich gegen die Sklaverei eines Finanzplans auf, der genau festlegt, wie viel ich ausgeben darf und wofür. Ich denke, das würde mir viel Lebensfreude rauben und mich zu einem Packesel abstempeln, der seine Last tragen muss.«

Arkad erwiderte ihm: »Wer, mein Freund, würde deinen Finanzplan festlegen?«

»Ich selbst«, antwortete der widerborstige Mann.

»Würde denn ein Packesel, der selbst über seine Last entscheiden könnte, Juwelen, kleine Teppiche und schwere Goldbarren auf den Weg durch die Wüste mitnehmen wollen? Wohl kaum. Er würde Heu, Korn und einen Wasserbeutel vorziehen. Der Zweck eines Finanzplans besteht darin, euch mehr Geld zu verschaffen. Er soll euch helfen, das Notwendige zu erwerben und, so weit möglich, eure übrigen Wünsche zu erfüllen. Außerdem soll er euch helfen zu erkennen, welche Wünsche euch wirklich am Herzen liegen und welche unerheblich sind. Wie das helle Licht im dunklen Keller zeigen euch euer Budget die Löcher in eurer Geldbörse und hilft euch, sie zu stopfen und eure Ausgaben zugunsten lohnender Ziele zu kontrollieren. Das ist also die zweite Methode, wie man gegen eine leere Geldbörse angehen kann.«

Die 3. Methode:
Sorgt dafür, dass sich euer Gold vermehrt!

»Seht, wie sich eure leere Geldbörse füllt. Ihr habt euch angewöhnt, ein Zehntel eurer Einkünfte nicht auszugeben, und ihr habt eure Ausgaben kontrolliert, um euren Geldzuwachs zu fördern. Als Nächstes wollen wir die Möglichkeiten untersuchen, die euer Vermögen arbeiten lassen und vermehren. Eine pralle Geldbörse ist beruhigend und befriedigt sicherlich einen Geizhals, bringt aber nichts ein. Das Gold, das wir von unserem Verdienst einbehalten, bildet nur den Anfang, denn erst aus dem Ertrag wird sich unser Vermögen aufbauen.« So sprach Arkad am dritten Tag zu seiner Gruppe.

»Wie können wir also unser Gold arbeiten lassen? Meine erste Investition war ein Fehlschlag, weil ich dabei alles verlor. Ich werde später Näheres darüber berichten. Meine erste erträgliche Investition war ein Darlehen, das ich einem Mann namens Aggar, einem Schildmacher, gewährte. Einmal im Jahr kaufte er große Schiffsladungen von Bronze auf, die er aus fernen Länder bezog und mit denen er handelte. Da er nicht genug Kapital besaß, um die Händler zu bezahlen, borgte er sich Geld bei Männern, die es übrig hatten. Er war ein ehrenwerter Mann und zahlte immer, wenn er seine Schilde verkauft hatte, sein Darlehen mit einem großzügigen Zins zurück. Immer, wenn ich ihm Geld lieh, gab ich ihm auch die Rendite vom letzten Mal. Auf diese Weise wuchs nicht nur mein Kapital an, sondern auch die Rendite aus diesem. Es war höchst befriedigend zu sehen, wie diese Erträge in meine Börse zurückflossen. Ich sage euch, meine lieben

Studenten, den Reichtum eines Mannes machen nicht die Münzen aus, die er in seiner Geldbörse mit sich führt, sondern die Erträge, die er aufbaut, der Geldstrom, der unaufhörlich in seine Geldbörse fließt, sodass diese immer prall gefüllt ist. Was ihr alle euch wünscht, das wünscht sich jeder Mensch auf Erden: Erträge, die kontinuierlich fließen, egal, ob ihr arbeitet oder euch auf Reisen befindet. Ich habe mir große Einkünfte geschaffen, sodass man mich als sehr reich bezeichnet. Durch die Darlehen an Aggar erwarb ich mir Übung darin, wie man mit Profit investiert. Durch diese Erfahrung geschickter geworden, gewährte ich weitere Darlehen und tätigte, als mein Kapital wuchs, weitere Investitionen. Zuerst aus wenigen Quellen, dann aus vielen, floss ein goldener Storm des Wohlstands in meine Geldbörse, den ich mit Klugheit zu nutzen gedachte. Seht, von meinem bescheidenen Verdienst hatte ich mir eine Schar goldener Sklaven zugelegt, von denen jeder arbeitete und noch mehr Gold verdiente. Sie arbeiten für mich, auch ihre Kinder und Kindeskinder, bis ich durch ihre gemeinsamen Anstrengungen ein großes Vermögen aufbaute. Gold vermehrt sich schnell, wenn vernünftige Erträge erzielt werden, wie ihr an folgendem Beispiel sehen werdet: Als einem Bauern der erste Sohn geboren wurde, trug er zehn Silberstücke zu einem Geldverleiher und bat ihn, dieses Geld bis zum zwanzigsten Geburtstag seines Sohnes verzinslich aufzubewahren. Der Geldverleiher war einverstanden. Es war ausgemacht, dass die Rendite alle vier Jahre ein Viertel der Summe betragen sollte. Der Bauer bat, dass dieser Ertrag der angelegten Summe, die ja seinem Sohn gehörte, hinzugerechnet werden sollte. Als der Junge zwanzig geworden war, suchte der Bauer erneut den Geldverleiher auf, um sich nach den Silbermünzen zu erkundigen. Der Geldverleiher erklärte, dass die ursprüngliche Summe von zehn Silberstücken aufgrund der Zinseszinsen auf die Summe von dreissigeinhalb Silberstücken angewachsen war. Der Bauer war sehr erfreut. Da der Sohn das Geld nicht benötigte, ließ er es beim Geldverleiher. Als der Sohn fünfzig war und der Vater inzwischen das Zeitliche gesegnet hatte, zahlte der Geldverleiher dem Sohn die stattliche Summe von einhundertundsiebenundsechzig

Silberstücken aus. So hatte sich die Investition in fünfzig Jahren fast um das Siebenfache vermehrt. Das ist also die dritte Methode, um einer leeren Geldbörse Abhilfe zu schaffen: Lasst die Münzen arbeiten, damit sie sich – genau wie die Herden – vermehren und euch Einkommen verschaffen, einen Strom von Reichtum, der kontinuierlich in eure Geldbörse fließen soll.«

Die 4. Methode:
Bewahrt eure Schätze vor Verlust!

»Das Unglück trifft gern glänzendes Metall. Das Gold im Besitz eines Mannes muss eisern bewacht werden, sonst ist es verloren. So ist es klug, dass wir erst kleine Beträge absichern, bevor die Götter uns größere zukommen lassen.« So sprach Arkad am vierten Tag zu seinen Studenten.

»Jeder Mann, der Gold besitzt, unterliegt der Versuchung, durch angeblich günstige Gelegenheiten in höchst lohnende Projekte zu investieren, um viel Geld zu verdienen. Oft stürzen sich Freunde und Verwandte begierig auf solche Investitionen und zwingen ihn, es ihnen gleichzutun. Wenn man investiert, gilt als oberstes Gebot, das Kapital nicht zu gefährden. Ist es klug, sich durch höhere Erträge blenden zu lassen und dabei zu riskieren, dass das Kapital verloren geht? Ich sage Nein. Das Risiko muss eventuell durch Einbuße des Kapitals bezahlt werden. Lasst euch nicht vorgaukeln, euer Kapital sei hundertprozentig sicher, und lasst euch nicht durch eure romantischen Wünsche, schnell zu Reichtum zu gelangen, täuschen. Bevor ihr euer Geld jemandem borgt, vergewissert euch, ob er es zurückzahlen kann und ob er als zuverlässig gilt, damit ihr ihm nicht gegen euren Willen euer hart verdientes Geld zum Geschenk macht. Bevor ihr es in irgendeinen Bereich investiert, erkundigt euch nach den Gefahren, die damit verbunden sind. Meine erste Investition endete damals tragisch für mich, denn ich vertraute die Ersparnisse eines Jahres einem Ziegelbrenner an, der über das weite Meer segelte, um in Tyrus kostbaren phönizischen Schmuck für mich zu erwerben. Nach seiner Rückkehr wollten wir diesen verkaufen und uns den Erlös teilen. Aber die Phönizier waren Schurken und verkauften ihm buntes Glas. Mein Geld war somit verloren. Heute weiß ich, wie töricht es von mir war, einen Ziegelbrenner mit dem Kauf von Schmuck zu beauftragen. Deshalb rate ich euch aufgrund meiner Erfahrung: Verlasst euch nicht allzu sehr auf eure eigene Weisheit, um zu vermeiden, bei der Investition eures Vermögens in eine Falle zu tappen. Es ist weitaus besser, ihr wendet euch an jene Männer, die darin Erfahrung haben, Geld arbeiten zu lassen. Ein solcher Rat ist kostenlos und kann durchaus Gold wert sein in Anbetracht der Summe, die ihr investieren wollt. Darin zeigt sich nämlich sein wahrer Wert, wenn er euch vor Verlust bewahrt. Das also ist die vierte Methode, um einer leeren Börse abzuhelfen. Sie kann euch davor schützen, eure Geldbörse schrumpfen zu lassen, nachdem sie so erfreulich gefüllt war. Bewahrt euer Vermögen vor Verlust, indem ihr nur dann investiert, wenn euer Kapital sicher ist und jederzeit in Anspruch genommen werden kann, wenn dies wünschenswert ist, und ihr eine anständige Rendite erzielt. Lasst euch von klugen Männern beraten, die wissen, wie man Gold vermehrt. Ihre Erfahrung soll euch helfen, euer Kapital nicht in unsichere Projekte zu investieren.«

Die 5. Methode:
Macht euer Heim zu einer einträglichen Investition!
(Vgl. Hinweis auf Seite 46.)

»Wenn ein Mann neun Zehntel seines Verdienstes für den Lebensunterhalt und sein Vergnügen ausgibt und wenn er einen Teil dieser neun Zehntel für eine einträgliche Investition aufwenden kann, ohne sein Wohlergehen zu beeinträchtigen, dann wächst sein Vermögen umso schneller an.«

»Allzu viele unserer Männer in der Stadt bringen ihre Familien in unschönen Vierteln unter. Sie zahlen geldgierigen Hausbesitzern hohe Mieten für Räume, in denen ihre Eheliebsten keinen Platz haben, Blumen zu züchten, die das Herz einer Frau erfreuen, und in denen ihre Kinder keinen Platz zum Spielen finden und deshalb auf die schmutzigen Gassen ausweichen müssen. Eine Familie kann das Leben nur dann in seiner ganzen Fülle genießen, wenn sie eigenen Grund und Boden besitzt, auf dem die Kinder spielen können und auf dem die Ehefrau Blumenbeete und einen Garten mit Kräutern anlegen kann, um mit diesen die Speisen zu würzen. Einen Mann erfreut es, wenn er die Feigen von seinen eigenen Bäumen und die Trauben von seinen eigenen Weinstöcken pflücken kann. Er ist stolz darauf, ein eigenes Haus zu besitzen, um das er sich kümmern kann. Dies erfüllt ihn mit Selbstvertrauen und spornt ihn an, sich noch mehr zu bemühen. Deshalb empfehle ich, dass jeder Mann ein eigenes Dach für sich und seine Familie ins Auge fassen sollte. Es übersteigt keineswegs die Fähigkeiten eines Mannes voller guter Absichten, ein eigenes Heim anzustreben. Hat nicht unser großer König die Stadtmauern der Stadt so großzügig erbauen lassen, dass darin viel unbebautes Land zu höchst vernünftigen Preisen erworben werden kann? Also sage ich euch, meine lieben Studenten, dass die Geldverleiher die Wünsche der Männer, die für ihre Familien ein Grundstück suchen, um ein Haus darauf zu bauen, gerne erfüllen. Bereitwillig leihen sie euch Geld [heutzutage auch Hypothek genannt], damit ihr zu solch löblichen Zwecken den Ziegelbrenner und den Baumeister bezahlen könnt. Voraussetzung ist nur, dass ihr einen angemessenen Eigenanteil aufbringt [Anzahlung für die Hypothek], das heißt eine Summe bereitstellt, die ihr für diesen Zweck gespart habt. Wenn das Haus gebaut ist, könnt ihr eure Raten bei dem Geldverleiher mit der gleichen Regelmäßigkeit wie einst eure Mieten bezahlen. Da jede Zahlung eure Verschuldung gegenüber dem Geldverleiher verringern wird, habt ihr eure Schulden in ein paar Jahren beglichen. Dann wird euer Herz mit Freude erfüllt sein, weil ihr mit gutem Recht ein wertvolles Grundstück besitzen werdet und eure einzige Belastung dabei die Steuerabgaben für den König [heutzutage für den Staat] darstellen. Dann wird eure liebe Frau viel öfter zum Fluss gehen, um eure Kleider zu waschen, und wird jedes Mal einen mit Wasser gefüllten Behälter aus Ziegenfell mitbringen, um ihre Pflanzen zu gießen. Der

Mann, der ein eigenes Haus besitzt, erfährt viele Wohltaten. Seine Lebenshaltungskosten werden dadurch stark gesenkt und er verfügt jetzt über mehr Geld für Vergnügungen und die Erfüllung von Wünschen. Das also ist die fünfte Methode, um gegen eine leere Geldbörse anzugehen: Schafft euch ein eigenes Heim und vermietet es, um passives Einkommen unabhängig vom Job zu generieren. Der Immobiliensektor wird vom Staat am wenigsten besteuert, weshalb die meisten reichen/wohlhabenden Menschen in diesen Sektor investieren.«

Die 6. Methode:
Sichert euch ein Einkommen für die Zukunft!

»Der Lebensbogen eines Menschen spannt sich von der Kindheit bis zum Alter. Das ist der Lebensweg, von dem niemand abweichen kann. Deshalb sage ich euch, dass ein Mann Vorbereitungen für ein angemessenes Einkommen im Alter treffen und seine Familie absichern muss für den Fall der Fälle. Diese Lektion soll euch lehren, für eine volle Geldbörse zu sorgen, wenn die Zeit kommen wird, da ihr nicht mehr so lernfähig seid.«

»Der Mann, der die Gesetze des Reichtums begriffen hat und deshalb einen ständigen Vermögenszuwachs erlebt, sollte für die Zukunft vorsorgen. Er sollte gewisse Investitionen vornehmen, die für viele Jahre sicheren Ertrag bringen, aber verfügbar sind, wenn die Zeit gekommen ist, die er voller Weitsicht vorausgesehen hat. Es gibt verschiedene Möglichkeiten, wie ein Mann seine Zukunft absichern kann. Der Mann sollte in der Lage sein, das Unsichtbare zu sehen, da Gold wortwörtlich auf der Straße liegt; du musst nur deine Augen offen und deinen Verstand wach halten und es holen. Man kann auch dem Geldverleiher einen kleinen Betrag anvertrauen und diesen in regelmäßigen Abständen erhöhen. Die Rendite, die hinzukommt, wird erheblich dazu beitragen, dass die Summe anwächst. Ich kenne einen Sandalenmacher, der mir vor kurzem berichtet hat, dass er wöchentlich während acht Jahren bei seinem Geldverleiher zwei Silberstücke hinterlegte. Erst vor kurzem hatte ihm der Geldverleiher eine Aufstellung gemacht, über die er sich sehr gefreut hat. Sein Kapital und der übliche Zins von einem Viertel für vier Jahre haben jetzt eine Gesamtsumme von zehntausendvierhundertundzehn Silberstücken ergeben. Ich ermunterte ihn, weiterzumachen, und erklärte ihm, dass er, wenn er weiterhin zwei Silberstücke pro Woche einzahlte, nach zwölf Jahren viertausend Silberstücke ausgezahlt bekäme, womit er einen sorglosen Lebensabend verbringen könnte. Wenn eine solch kleine, regelmäßig durchgeführte Zahlung solch erfreuliche Ergebnisse bringt, kann es sich niemand leisten, für sein Alter und seine Familie keine Vorsorge zu treffen, egal, wie einträglich seine Geschäfte oder Investitionen sein mögen. Ich würde gern noch mehr dazu sagen. Ich glaube fest daran, dass eines Tages kluge Männer einen Plan entwerfen, um eine Absicherung für den Todesfall zu schaffen. Ich stelle mir das so vor: Viele Männer zahlen regelmäßig eine kleine Summe ein, was mit der Zeit einen ansehnlichen Betrag ergibt, durch den die Familie des Einzahlers gesichert wird. Ich sehe dies als erstrebenswert an und würde es gerne empfehlen. Aber zurzeit ist es nicht möglich, denn es müsste die Garantie gegeben sein, dass das Ganze so sicher wie der Thron des Königs ist. Aber eines Tages wird dieser Plan verwirklicht werden und sich als Segen für viele erweisen, denn bereits die erste kleine Zahlung wird dazu beitragen, dass für die Familie des Dahingeschiedenen eine ansehnliche Summe zusammenkommt und sie absichert. Aber wir müssen uns auf die Gegenwart konzentrieren und nicht auf die Zukunft und jene Mittel und Methoden nutzen, die uns zur Erreichung unseres Ziels zur Verfügung stehen. Deshalb rate ich allen, dass sie mittels kluger und gut durchdachter Methoden finanzielle Vorsorge treffen. Denn eine leere Geldbörse ist eine Tragödie für einen Mann, der seinen Lebensunterhalt nicht mehr verdienen kann, oder für eine Familie, die ihr Oberhaupt verliert. Das also ist die sechste Methode, um eine leere Geldbörse zu vermeiden. Trefft rechtzeitig Vorsorge für Bedürfnisse im Alter und für den Schutz eurer Familie; kümmert euch um eure Geschäfte, denn im Job (just Over

Brocken) bist du jederzeit ersetzbar.« Die Bedeutung des Wortes Job = Just Over Broken, soll heißen kurz vor der Pleite. Einen Job zu haben ist eine kurz fristige Lösung für ein langfristiges Problem.

Die 7. Methode:
Verbessert eure Verdienstmöglichkeiten!

»Heute, meine lieben Studenten, möchte ich mit euch über eine der wichtigsten Methoden sprechen, eine leere Geldbörse aufzufüllen. Aber ich rede nicht von Gold, sondern von euch selbst, den Männern in den bunten Gewändern, die ihr hier vor mir versammelt seid. Ich berichte euch von den Vorstellungen und vom Leben von Männern, die für oder gegen ihren Erfolg arbeiten.«

»Vor kurzem kam ein junger Mann zu mir und bat mich um ein Darlehen. Als ich ihn fragte, wofür er es benötige, beklagte er sich, dass er zu wenig verdiene, um seine Ausgaben bestreiten zu können. Daraufhin erklärte ich ihm, wenn es sich so verhielte, sei er für den Geldverleiher ein schlechter Kunde, da er aufgrund seines kärglichen Verdienstes nicht die Möglichkeit besitze, das Darlehen zurückzuzahlen. ›Du musst mehr Geld verdienen‹, erklärte ich dem jungen Mann. ›Was unternimmst du, um mehr zu verdienen?‹, fragte ich ihn. ›Alles, was ich kann‹, erwiderte er. ›Innerhalb von zwei Monaten habe ich mich sechsmal an meinen Herrn gewandt und ihn gebeten, meinen Lohn zu erhöhen, aber ohne Erfolg. Ich kann nicht noch öfter zu ihm gehen, als ich es schon getan habe.‹ Vielleicht lächeln wir über seine Schlichtheit, aber er besaß die Absicht, sein Einkommen zu erhöhen, denn er war von dem starken Wunsch beseelt, mehr zu verdienen – ein angemessener und empfehlenswerter Wunsch. Am Anfang jeglicher Erfüllung steht der Wunsch, der stark und fest umrissen sein muss. Allgemeine Wünsche sind hingegen nur verschwommene Sehnsüchte. Es hat wenig Sinn, wenn sich ein Mann ganz allgemein wünscht, reich zu werden. Wünscht er sich dagegen fünf Goldstücke, stellt dies einen greifbaren Wunsch dar, den er realisieren kann. Nachdem er sich fest vorgenommen hat, sich durch nichts davon abbringen zu lassen, fünf Goldstücke zu erlangen, kann er als Nächstes ähnliche Wege beschreiten, um zehn, zwanzig Goldstücke, ja tausend zu erhalten, und siehe da, binnen Kurzem ist er ein reicher Mann. [Wenn du dieses Gesetz verstehen willst, empfehle ich dir, den Film The Secret anzuschauen, dort wird dir das Gesetz der Resonanz genauer erklärt.] Da er gelernt hat, entschlossen seinen kleinen Wunsch zu realisieren, hat er die Voraussetzung dafür geschaffen, einen größeren anzustreben. Das ist der Vorgang, durch den Reichtum angehäuft wird: zuerst in kleinen Beträgen und dann, wenn der Mann dazugelernt hat und besser mit Geld umgehen kann, in größeren. Wünsche müssen einfach und konkret sein. Wenn es zu viele, zu verwirrende Wünsche sind oder wenn sie derart beschaffen sind, dass ein Mann sie nicht erfüllen kann, führen sie selbst ad absurdum. So wie ein Mann sich in seinem Beruf zu vervollkommnen sucht, so vervollkommnet er auch seine Fähigkeit, mehr zu verdienen. Zu jener Zeit, als ich noch ein kleiner Schreiber war, der mit dem Beschriften von Tontafeln ein paar Kupfermünzen verdiente, beobachtete ich, dass andere Arbeiter mehr arbeiteten als ich und besser bezahlt wurden. Deshalb nahm ich mir vor, dass mich niemand übertreffen würde, und fand in Kürze heraus, weshalb sie größeren Erfolg hatten als ich. Ich interessierte mich mehr für meine Aufgabe, zeigte mehr Ausdauer bei meinen Bemühungen – und siehe da, bald konnten nur noch wenige Männer mehr Tafeln an einem Tag beschriften als ich. Meine verbesserten Fertigkeiten wurden entsprechend schnell belohnt, ohne dass ich meinen Herrn sechsmal aufsuchen musste, um ihn dazu aufzufordern. Je mehr Wissen wir besitzen, desto mehr können wir verdienen, darum ist finanzielle Bildung in Form von Literatur und Seminaren wichtig, denn die Bank wird dir nie zeigen, wie du dein Geld vermehrst, weil es nicht in ihrem Geschäftssinn ist! [Nicht jede Bank ist gleich, es gibt private Banken, die dir den Vermögensaufbau beibringen, jedoch musst du reich oder wohlhabend sein, damit dir der Zutritt gewährt wird.] Der Mann, der versucht, sich in seinem Beruf zu perfektionieren, wird reich belohnt. Wenn er Handwerker ist, kann er versuchen, die Methoden und Instrumente jener zu erlernen, die sich auf diesem Gebiet schon ausgezeichnet haben. Wenn er im Bereich des Gesetzes oder der Heilkunst tätig ist, kann er mit anderen Vertretern seines Berufes Wissen austauschen und sich mit ihnen beraten. Übt er den Beruf des Händlers aus, befindet er sich ständig auf der Suche nach besseren Waren zu niedrigeren Preisen. Die Geschäfte verändern und verbessern sich ständig. Kluge Köpfe versuchen, größere Fertigkeiten zu erlangen, um denen besser zu dienen, von deren Wohlwollen sie abhängen. Deshalb fordere ich alle Männer auf, immer an vorderster Front zu stehen, wenn es um Fortschritt geht, nicht stillzustehen, sonst bleiben sie auf der Strecke. Viele Dinge können das Leben eines Mannes mit wertvollen Erfahrungen bereichern. Wenn ein Mann etwas auf sich hält, sollte er folgende Regeln befolgen:

- Er muss seine Schulden so schnell wie möglich begleichen, und er sollte darauf verzichten, Dinge zu erwerben, die er nicht bezahlen kann.

- Er muss sich um seine Familie kümmern, sodass diese gut über ihn denkt und gut über ihn spricht.

- Er muss sein Testament abfassen für den Fall, dass ihm unerwartet etwas zustößt, damit sein Besitz ordnungsgemäß und gerecht verteilt wird.

- Er muss Mitleid haben mit jenen, die geschwächt sind oder vom Unglück verfolgt werden, und ihnen im Rahmen vernünftiger Grenzen helfen. Er muss sich auch gegenüber jenen, die ihm am Herzen liegen, rücksichtsvoll verhalten.

So besteht die siebte und letzte Methode, eine leere Geldbörse zu füllen, darin, eure eigenen Fähigkeiten zu entwickeln; zu lernen, klüger und geschickter zu werden; und Achtung vor euch selbst zu entwickeln, um eure wohl abgewogenen Wünsche zu verwirklichen. Das also sind die sieben Methoden, um zu Vermögen zu gelangen. Aufgrund der Erfahrungen meines langen, erfolgreichen Lebens lege ich sie allen Männern ans Herz, die reich werden wollen. In der Welt gibt es mehr als genug Gold für alle. Also setzt diese Wahrheiten um, damit ihr zu Wohlstand gelangt, wie es euch zusteht. Lasst es euch angelegen sein, diese Wahrheiten weiterzugeben, damit jeder ehrenwerte Untertan Eurer Majestät ebenfalls mit vollen Zügen am unermesslichen Reichtum unserer geliebten Welt teilhaben kann.«

Anmerkung des Autors:
Die fünfte Methode will sehr sorgfältig überlegt sein und kann nur dann empfohlen werden, wenn du bereits einen sicheren finanziellen Grund unter den Füßen hast. In Mitteleuropa kann ein Haus mehr Geld kosten, als es einbringt oder Mietkosten einspart.

Begegnungen mit dem Glück

»Ist ein Mann einmal vom Glück begünstigt, lässt sich das mögliche Ausmaß seines Glückes nicht voraussagen. Stößt man ihn in den Euphrat, wird er höchstwahrscheinlich mit einer Perle in der Hand auftauchen.«

Der Wunsch, glücklich zu sein, beseelt alle Menschen. Dieser Wunsch war damals vor Tausenden von Jahren genauso stark wie in unserer jetzigen modernen Zeit. Wir alle hoffen, vom laufenden Glück bedacht zu werden. Gibt es eine Möglichkeit, dem zu begegnen und das Glück anzulocken, in den Genuss seiner großzügigen Wohltaten zu gelangen, anstatt nur seine wohlwollende Aufmerksamkeit zu erlangen? Gibt es eine Möglichkeit, das Glück anzuziehen?

Genau das wollten die Männer in der Stadt herausfinden. Sie waren gewitzt und scharfsinnig. Das erklärt, weshalb ihre Stadt die reichste und mächtigste der damaligen Zeit wurde. Zu jener Zeit gab es noch keine Schulen oder Universitäten, aber immerhin bereits ein Zentrum des Lernens, das sehr praktisch eingerichtet war. Zwischen den hohen Gebäuden stand ein Bauwerk, das genauso bedeutend war wie der Palast des Königs. Sie werden es kaum in einem Geschichtsbuch finden; dabei übte es auf das Denken jener Zeit einen starken Einfluss aus. Diese Gebäude beherbergten den Tempel des Lernens, in dem das Wissen der Vergangenheit von ehrenamtlichen Lehrern weitergegeben wurde und wo Themen finanzieller Bildung von allgemeiner Bedeutung in offenen Foren diskutiert wurden. In diesem Tempel waren alle Menschen gleich. Der einfachste Sklave konnte, ohne mit Bestrafung rechnen zu müssen, der Meinung eines Prinzen des Königshauses widersprechen. Unter den vielen Männern, die den Tempel des Lernens besuchten, befand sich ein weiser, reicher Mann, der als reichster Mann der Stadt bekannt war. Er besaß seine eigene

Halle, in der sich fast jeden Abend eine große Gruppe von Männern – alte, sehr junge, vor allem aber Männer in den mittleren Jahren – versammelte, um über Themen zu diskutieren, die sie bewegten. Blenden wir uns ein, um zu erfahren, ob diese Männer wussten, wie man das Glück anlockt.

Als sich der Mann zu seinem Rednerpult begab, konnte man durch den Dunst des Wüstensands die rot glühende Sonne untergehen sehen. Bereits achtzig Männer kauerten auf ihren kleinen, auf dem Boden ausgebreiteten Teppichen. Und es trafen immer noch mehr ein. »Worüber wollen wir heute Abend diskutieren?« Nach kurzem Zögern erhob sich, wie es Brauch war, ein hochgewachsener Tuchweber und ergriff das Wort. »Ich wüsste ein Thema, worüber ich gern diskutieren würde, zögere aber, es zu verraten, weil es dir und meinen lieben Freunden hier vielleicht lächerlich erscheint.« Der Mann lachte und sagte: »Wir sind ganz Ohr.« »Heute ist mein Glückstag, denn ich habe eine Geldbörse voller Goldstücke gefunden, aber ich habe den großen Wunsch, auch weiterhin vom Glück begünstigt zu werden. Da ich glaube, dass alle Menschen diesen Wunsch hegen, schlage ich vor, wir unterhalten und darüber, wie man das Glück anziehen kann und welche Möglichkeiten es gibt, dem Glück etwas nachzuhelfen.« »Ein höchst interessantes Thema«, bemerkte der Mann, »über das zu diskutieren sich lohnt. Einige betrachten das Glück nur als Zufall, etwas, was uns ohne Zweck oder Grund widerfährt. Andere meinen, dass die Anstifterin allen Glücks unsere gütige Göttin Asthar sei, die immer darauf bedacht ist, jene mit großzügigen Gaben zu überschütten, die ihr gefallen. Sprecht, meine Freunde, was meint ihr, sollen wir herauszufinden versuchen, ob es irgendwelche Mittel gibt, das Glück anzulocken, damit es jeden Einzelnen von uns aufsucht?« »Ja! Unbedingt!«, antwortete die immer größere werdende Gruppe eifriger Zuhörer. Daraufhin fuhr der Mann fort: »Um die Diskussion in Gang zu bringen, sollen zuerst jene unter uns Bericht erstatten, die ähnliche Erfahrungen gemacht haben wie der Tuchweber, das heißt, die ohne Anstrengung wertvolle Schätze oder Juwelen gefunden oder empfangen haben.«

Es herrschte Schweigen. Alle warteten, dass sich jemand zu Wort melden würde, aber vergeblich. »Wie, kein Einziger?!«, fragte der Mann verblüfft. »Dann ist diese Art von Glück wohl eine Seltenheit. Wer hat einen Vorschlag zu machen, an welchem Punkt wir mit unserer Suche beginnen sollen?« »Ich«, meldete sich ein gut gekleideter junger Mann und erhob sich. »Wenn ein Mann von Glück spricht, richten sich seine Gedanken dann nicht automatisch auf die Spieltische? Versammeln sich dort nicht viele Männer, die um die Gunst der Göttin buhlen und hoffen, sie werde sie mit großem Gewinn beglücken?« Als er wieder Platz genommen hatte, rief jemand: »Hör nicht auf, berichte weiter, ob dir die Göttin am Spieltisch gewogen war! Hat sie die Würfel mit der roten Seite nach oben gekehrt, sodass du dir auf Kosten des Spielveranstalters deine Geldbörse füllen konntest, oder hat sie die blaue Seite begünstigt, sodass dieser deine hart verdienten Silberstücke eingeheimst hat?« Der junge Mann stimmte in das gutmütige Gelächter anderer Männer mit ein. Dann erwiderte er: »Ich gebe zu, dass sie meine Anwesenheit nicht einmal bemerkt hatte. Aber wie steht es mit euch? Seid ihr der Göttin an solchen Plätzen begegnet, und hat sie die Würfel zu euren Gunsten gerollt? Wir wollen es erfahren und daraus lernen.« »Ein kluger Anfang«, lobte der Mann. »Wir sind hier, um die Frage von allen Seiten zu beleuchten. Die Spieltische zu ignorieren, hieße, einen Instinkt, den die meisten Männer besitzen, zu missachten; den Spaß, mit ein paar Silbermünzen die Gelegenheit zu nutzen, vielleicht Gold zu gewinnen.« »Das erinnert mich an die Pferderennen von gestern«, rief ein Zuhörer. »Wenn die Göttin es nicht für unter ihrer Würde hält, sich an den Spieltischen aufzuhalten, wird sie bestimmt auch nicht die Rennen verachten, wo die vergoldeten Wagen und die schnaubenden Pferde für prickelnde Aufregung sorgen. Sag uns ehrlich, hat sie dir gestern ins Ohr geflüstert, auf diese Schimmel aus Ninive zu wetten? Ich stand direkt hinter dir und traute meinen Ohren nicht, als ich hörte, dass du auf die Schimmel gewettet hast. Du weißt ebenso gut wie wir, dass keine Pferde in ganz Assyrien unsere geliebten Füchse in einem Rennen schlagen können. Hat die Göttin dir deshalb geraten, auf die Schimmel zu setzen, weil der Rappe in der letzten Kurve strauchelte und mit unseren Jungs zusammenstieß? Dadurch haben die Schimmel das Rennen gewonnen und einen unverdienten Sieg eingeheimst.« Der Mann lächelte nachsichtig über diese Hänselei. »Welchen Grund haben wir, anzunehmen, dass die gute Göttin an unseren Pferdewetten interessiert sei? Für mich ist sie eine Göttin der Liebe und der Würde, deren Vergnügen darin besteht, jenen zu helfen, die in Not sind, und jene zu belohnen, die es verdienen. Ich suche sie nicht an den Spieltischen oder auf den Rennplätzen, wo die Männer mehr Gold verlieren als gewinnen, sondern an den Orten, wo Männer Tatkraft beweisen und eine Belohnung verdienen. Der Mensch hat durch Ackerbau, ehrlichen Handel, ja alle möglichen Tätigkeiten die Möglichkeit, Nutzen aus seinen Bemühungen zu ziehen. Vielleicht wird er nicht jedes Mal den Lohn für seine Mühen ernten, da er sich ab und an in seinem Urteil irrt. Manchmal machen Wind und Wetter seine Anstrengungen zunichte. Doch wenn er beharrlich weitermacht, wird er gewöhnlich irgendwann Erfolg haben, denn auf die Dauer wird die Chance, dass er belohnt wird, immer wahrscheinlicher. Aber wenn ein Mann sein Glück am Spieltisch versucht, verhält es sich umgekehrt, denn in diesem Fall steht das Glück auf der Seite des Spielveranstalters. Das Spiel ist nämlich so gestaltet, dass letztlich immer der Veranstalter der Gewinner ist, denn es ist sein Ziel, mit den von den Spielern eingegangenen Wetten ein gutes Geschäft zu machen. Nur wenige Spieler erkennen, wie groß die Chancen des Veranstalters sind und wie gering ihre eigenen. Betrachten wir zum Beispiel Wetten, die auf den Würfel gemacht werden. Bei jedem Wurf wetten wir, welche Seite oben sein wird. Ist es die rote, zahlt uns der Spielveranstalter den vierfachen Betrag unseres Einsatzes. Aber wenn eine andere der fünf Seiten oben liegt, verlieren wir unseren Einsatz. So zeigen die Zahlen, dass wir für jeden Wurf fünf Möglichkeiten haben zu verlieren. Im Laufe eines Abends kann der Spielveranstalter damit rechnen, ein Fünftel aller eingesetzten Münzen selbst einzukassieren. Kann ein Mann erwarten, mehr als nur gelegentlich zu gewinnen, wenn das Spiel so angelegt ist, dass er ein Fünftel seines Einsatzes verliert?« »Aber trotzdem gewinnen manchmal einige Männer große Summen«, warf ein Zuhörer ein. »Ja, das stimmt«, fuhr der Mann fort. »Nachdem ich dies erkannt hatte, stellte sich mir die Frage, ob auf solche Weise erworbenes Geld dauerhaft Glück bringen kann. Unter meinen Bekannten sind viele der erfolgreichsten Männer der reichsten Stadt, doch keiner von ihnen hat seinen Erfolg auf einer solchen Grundlage begründet. Ihr, die ihr heute Abend hier versammelt seid, kennt viele unserer prominenten Bürger. Für mich wäre es von großem Interesse zu erfahren, wie viele unserer erfolgreichen Bürger ihren Erfolg dem Spieltisch verdanken. Kennen einige unter euch solche Persönlichkeiten?« Nach längerem Schweigen sagte ein Spaßvogel: »Sind darin auch die Spielveranstalter mit eingeschlossen?« »Sofern dir niemand anderer einfällt«, erwiderte der Mann. »Wenn niemand von euch einen solchen kennt, wie steht es dann mit euch selbst? Gibt es einige Dauergewinner unter uns, die zögern, eine solche Quelle ihres Einkommens zu empfehlen?«

Nach diesen herausfordernden Worten hörte man aus den hinteren Reihen ein Murren, das in Gelächter überging. »Offenbar suchen wir das Glück nicht an den Plätzen, die von der Göttin besucht werden«, fuhr er fort. »Lasst uns deshalb andere Möglichkeiten erforschen. Wir haben unser Glück nicht durch das Auffinden einer verloren gegangenen Geldbörse gemacht, auch nicht an den Spieltischen gefunden, und bei Rennen habe ich persönlich mehr Geld verloren als gewonnen. Befassen wir uns nun mit unserem Handel und unseren Geschäften. Ist es nicht so, dass wir, wenn wir ein einträgliches Geschäft abschließen, dies nicht als Glück betrachten, sondern als gerechte Belohnung unserer Anstrengung? Ich meine, dass wir die Gaben der Göttin oft übersehen. Vielleicht hilft sie uns, ohne dass wir es merken, denn: Manchmal hilft man den Menschen, indem man ihnen nicht hilft!« Daraufhin erhob sich ein älterer Kaufmann und glättete sein weich fließendes weißes Gewand. »Mit deiner Erlaubnis und eurer, meine lieben Freunde, habe ich einen Vorschlag zu machen. Wenn wir, wir ihr bereits gesagt habt, unseren eigenen Fleiß und unsere Fähigkeiten für unseren geschäftlichen Erfolg verantwortlich machen, warum berücksichtigen wir dann nicht auch die Erfolge, die wir fast errungen hätten, die uns aber entgangen sind; die Chancen, die höchst gewinnversprechend gewesen wären, sofern wir sie wahrgenommen hätten? Da dem aber nicht so war, können wir sie nicht als gerechte Belohnung betrachten. Gewiss haben viele der hier Anwesenden solche Erfahrungen aufzuweisen.« »Das ist ein kluger Vorschlag«, stimmte ihm der Mann zu. »Wer von euch hatte das Glück in greifbarer Nähe, konnte es aber nicht festhalten?« Viele Hände gingen in die Höhe, darunter auch die des Kaufmanns. »Da der Vorschlag von mir stammt, sollte ich auch als Erster das Wort haben.«

»Ich werde euch gerne eine Geschichte erzählen«, begann er, »die beweist, wie nah das Glück kommen kann. Sie zeigt aber auch, wie töricht wir manchmal sind und es nicht beim Schopf ergreifen – was wir natürlich später bereuen. Vor vielen Jahren, als ich noch ein junger Mann war, frisch verheiratet und am Beginn einer Erfolg versprechenden Berufslaufbahn, suchte mich eines Tages mein Vater auf und drängte mich, eine Investition zu tätigen. Der Sohn eines guten Freundes von ihm war auf ein unbebautes Stück Land in der Nähe der äußeren Stadtmauern aufmerksam geworden. Es befand sich oberhalb des Kanals, wo kein Wasser verfügbar war. Der Sohn des Freundes meines Vaters entwarf einen Plan für den Erwerb dieses Landes. Dort wollte er drei große, von Ochsen getriebene Schöpfräder bauen, um damit das lebensnotwendige Wasser für die künftigen Bewohner und die Bewässerung des fruchtbaren Landes zu gewinnen. Danach wollte er das Land in kleine Parzellen aufteilen und diese an die künftigen Bewohner verkaufen. Aber leider besaß er nicht genug Gold für ein solches Unternehmen. Wie ich war auch er ein junger Mann, der gut verdiente. Sein Vater stammte, genau wie meiner, aus einer großen, mittellosen Familie. Deshalb beschloss er, eine Gruppe von Männern für sein Projekt zu interessieren. Diese Gruppe sollte aus zwölf Männern bestehen, von denen jeder Geld verdienen und bereit sein musste, ein Zehntel seines Verdienstes in das Projekt zu stecken, bis das Land verkauft werden konnte. Dann würden alle entsprechend ihrer Investition am Gewinn teilhaben. ›Du, mein Sohn‹, sprach mein Vater zu mir, ›bist jetzt ein junger Mann. Es ist mein inniger Wunsch, dass du dir ein ansehnliches Vermögen erwirbst und dir Achtung unter den Männern verschaffst. Ich möchte, dass du von der Erfahrung deines Vaters profitierst, der viele leichtsinnige Fehler begangen hat.‹ ›Das wünsche ich mir von ganzem Herzen, Vater‹, erwiderte ich. ›Dann rate ich dir dringend, in diese Projekte zu investieren. Tu das, was ich in deinem Alter hätte tun sollen. Spare ein Zehntel deines Verdienstes und investiere es einträglich. Damit und mit dem daraus resultierenden Ertrag kannst du, bevor du mein Alter erreicht hast, ein schönes Vermögen ansammeln.‹ ›Deine Worte zeugen von Weisheit, Vater. Ich wünsche mir sehnlichst, reich zu werden. Doch ich habe viele Ausgaben, die meinen Verdienst aufbrauchen. [In der heutigen Welt sind das monatliche Verbindlichkeiten, die du nicht dringend zum Leben brauchst, aber trotzdem Monat für Monat konsumierst!] Deshalb zögere ich, deinem Rat zu folgen. Ich bin jung und habe noch viel Zeit.‹ [Denke daran, die Jugend ist vergänglich, somit solltest du so früh wie möglich anfangen, mindestens zehn Prozent deines Einkommens zum Investieren auf die Seite zu legen.] ›So habe ich in deinem Alter auch gedacht, aber schau, viele Jahre sind verstrichen, und ich habe immer noch nicht damit angefangen.‹ ›Wir leben in einer anderen Zeit, Vater. Ich werde deine Fehler nicht wiederholen.‹ ›Es bietet sich dir eine gute Gelegenheit, mein Sohn, sie gibt dir eine Chance, deinen Reichtum zu begründen. Ich bitte dich, zögere nicht. Geh morgen zum Sohn meines Freundes und vereinbare mit ihm, dass du zehn Prozent deines Verdienstes in sein Projekt investieren wirst. Geh schnell. Beeile dich!‹ Trotz des Rats meines Vaters zögerte ich. Die Kaufleute hatten gerade schöne neue Gewänder aus dem Osten gebracht; Gewänder aus solch kostbaren Stoffen und von solcher Schönheit, dass meine liebe Frau und ich großes Verlangen danach hatten. Wenn ich mich einverstanden erklären würde, ein Zehntel meines Verdienstes in das Projekt zu stecken, hätte dies bedeutet, dass wir auf dieses und andere

Vergnügen, die uns großen Spaß machten, würden verzichten müssen. Ich zögerte meine Entscheidung so lange hinaus, bis es zu spät war. Dies habe ich danach sehr bereut, denn das Projekt erwies sich als noch einträglicher als vorauszusehen gewesen war. Das ist eine Geschichte, die beweist, wie ich das Glück an mir habe vorbeiziehen lassen.«

»Diese Geschichte zeigt uns, dass das Glück darauf wartet, den zu beglücken, der die Gelegenheit nutzt«, bemerkte ein dunkelhäutiger Wüstensohn. »Der Vermögensaufbau hat immer einen Anfang. Das können ein paar Gold- oder Silbermünzen sein, die ein Mann von seinem Verdienst abzweigt und mit denen er seine erste Investition tätigt. Ich besitze viele Herden, habe damit als Junge angefangen, als ich für ein Silberstück ein Kalb erwarb. Dieser Anfang meines Reichtums spielte für mich eine große Rolle. Der erste Schritt, den ein Mann unternimmt, um ein Vermögen aufzubauen, besteht darin, das Glück zu nutzen, das jeder nutzen kann. Für alle Menschen spielt dieser erste Schritt eine große Rolle, denn dadurch werden sie von Menschen, die sich durch ihre Arbeit ihren Verdienst erwerben, zu Menschen, die aus den Erträgen ihres Goldes Einkommen erzielen. Einige ergreifen diese Chance schon in ihrer Jugend und haben deshalb größeren finanziellen Erfolg als jene, die sie erst später nutzen, oder gar jene Unglücklichen, wie der Vater dieses Kaufmanns, die sie nie zu nutzen wissen. Hätte unser Freund, der Kaufmann, diesen Schritt als junger Mann getan, als sich ihm die Gelegenheit bot, würde er heute mit mehr irdischen Gütern gesegnet sein. Würde das Glück unseres Freundes, des Tuchwebers, ihn dazu bewegen, diesen Schritt nun zu tun, wäre dies der Auftakt für noch größeres Glück.«

»Danke! Ich möchte auch etwas dazu sagen.« Ein Fremder erhob sich. »Ich beherrsche eure Sprache leider nicht sehr gut, möchte aber gern diesem Freund, dem Kaufmann, einen Namen geben. Vielleicht werdet ihr die Bezeichnung als unhöflich empfinden, aber ich will ihn so nennen, denn ich bin eurer Sprache leider nicht mächtig. Deshalb, meine Herren, sagt mir bitte, wie man einen Mann bezeichnet, der zögert, das zu tun, was gut für ihn wäre.« »Zauderer«, rief eine Stimme. »Das hab ich gesucht!«, rief der Mann und fuchtelte aufgeregt mit den Händen. »Er ergreift nicht die Gelegenheit, wenn sie sich ihm bietet. Er wartet ab, sagt, er habe im Augenblick viel zu tun. Ich melde mich. Aber die Gelegenheit wartet nicht, bis sich ein solch lahmer Kerl entschließt. Wenn ein Mann Glück haben will, muss er schnell handeln. Jeder, der nicht schnell handelt, wenn sich ihm die Chance bietet, ist ein großer Zauderer, wie unser Freund, dieser Kaufmann.« Dieser erhob sich und verneigte sich gutmütig, nachdem die anderen sich auf seine Kosten amüsiert hatten. »Ich bewundere dich, Fremder, der du nicht zögerst, die Wahrheit auszusprechen«, sagte er schließlich, nachdem sich die allgemeine Heiterkeit gelegt hatte.

»Und nun wollen wir noch eine Geschichte hören. Wer kann uns ein weiteres Beispiel geben?« »Ich«, erwiderte ein Mann mittleren Alters in rotem Gewand. »Ich bin ein Aufkäufer, vor allem von Kamelen und Pferden, manchmal auch von Schafen und Ziegen. Die Geschichte, die ich erzählen will, handelt davon, wie sich mir eines Nachts eine Gelegenheit bot, als ich es am wenigsten erwartete. Vielleicht ließ ich sie deshalb verstreichen. Ihr sollt selbst darüber urteilen. Nachdem ich eines Abends nach einer entmutigenden zehntägigen Reise auf der Suche nach Kamelen in die Stadt zurückkehrte, stellte ich verärgert fest, dass die Stadttore geschlossen und verriegelt waren. Während meine Sklaven das Zelt für die Nacht aufschlugen – wir mussten sie mit wenig Nahrung und ohne Wasser verbringen –, trat ein älterer Bauer, der auch ausgesperrt war, neben mich. ›Ehrenwerter Herr‹, wandte er sich an mich, ›deinem Aussehen nach bist du ein Kaufmann. Wenn dem so ist, würde ich dir gern schöne Schafherden verkaufen, die ich gerade hierhergetrieben habe. Leider ist meine brave Frau sehr krank geworden, hat hohes Fieber, und ich muss eilends nach Hause. Kauf meine Schafe, damit wir, meine Sklaven und ich, schnell auf unsere Kamele steigen und unverzüglich heimreiten können.‹ Es war so dunkel, so war es mir nicht möglich, die Herde zu erkennen, aber aus ihrem Blöken schloss ich, dass sie sehr groß sein musste. Nachdem ich zehn Tage damit vergeudet hatte, nach Kamelen zu suchen, freute ich mich, mit ihm einen Handel abschließen zu können. Zudem machte er mir einen sehr anständigen Preis. Ich ging darauf ein, weil ich wusste, dass meine Sklaven am nächsten Morgen die Herde durch die Stadttore treiben und mit gutem Gewinn verkaufen würden. Nachdem der Handel abgeschlossen war, befahl ich meinen Sklaven, Fackeln zu bringen, damit wir die Herde zählen könnten, denn der Bauer hatte behauptet, es seien neunhundert Schafe. Ich möchte euch, meine Freunde, nicht langweilen mit der Beschreibung der Schwierigkeiten, die es uns bereitete, so viele durstige, nervöse Schaffe zu zählen. Deshalb erklärte ich dem Bauern frei heraus, dass ich die Schafe bei Tage zählen und ihn danach bezahlen würde. ›Bitte, höchst ehrenwerter Herr‹, flehte er, ›zahle mir nur zwei Drittel dieses Preises heute Nacht, damit ich mich auf den Weg machen kann. Ich lasse dir meinen intelligenten gebildeten Sklaven hier, damit er morgen früh mit dir die Schafe zählt. Er ist vertrauenswürdig, und du kannst ihm den Rest morgen früh bezahlen.‹ Aber ich war stur und weigerte mich, die Zahlung noch am gleichen Abend zu leisten. Am nächsten Morgen öffneten sich die Stadttore, noch bevor ich erwachte, und vier Käufer eilten heraus, auf der Suche nach Herden. Sie waren bereit, einen hohen Preis zu zahlen, da der Stadt eine Belagerung drohte und Nahrung knapp war. Der alte Bauer bekam für die Herde den dreifachen Preis, den er von mir verlangt hatte. Das war eine selten gute Gelegenheit, die ich mir habe entgehen lassen.«

»Das ist eine höchst ungewöhnliche Geschichte«, bemerkte der reichste Mann der Stadt und fügte noch hinzu: »Was für eine Weisheit lehrt uns diese Geschichte?« »Die Weisheit, dass eine Zahlung sofort geleistet werden muss, wenn wir davon überzeigt sind, dass das entsprechende Geschäft gut ist«, schlug ein würdiger Sattelmacher vor. »Wenn das Geschäft vielversprechend scheint, muss man sich gegen die eigene Schwäche schützen. Wir Sterblichen sind unbeständig; wir sind leider sehr schnell bereit, unsere Meinung zu ändern, selbst wenn sie richtig ist, können wir uns nicht entscheiden und lassen eine gute Gelegenheit verstreichen. Das erste Urteil ist immer das Beste. Aber es fiel mir schon immer schwer, zuzugreifen, wenn sich mir ein gutes Geschäft bot. Deswegen leiste ich jetzt, als Schutz gegen meine eigene Schwäche, immer sofort eine Anzahlung. Dies bewahrt mich davor, die verpasste Gelegenheit später zu bereuen.« »Danke! Ich würde gern noch etwas sagen.« Der Mann erhob sich zum zweiten Mal. »Diese Geschichten gleichen sich alle sehr; in allen verstreicht aus irgendeinem Grund eine gute Gelegenheit. Jedes Mal bietet sich einem Zauderer eine gute Gelegenheit und eröffnet ihm ein gutes Geschäft. Jedes Mal zögert dieser, versäumt es zu sagen, jetzt ist der beste Zeitpunkt dafür, ich entscheide mich schnell. Wie können solche Männer auf diese Weise Erfolg haben?« »Deine Worte sind weise, mein Freund«, erwiderte der Ankäufer. »In diesen beiden Geschichten verpasste ein Mann eine gute Gelegenheit, weil er zauderte. Aber das ist nicht ungewöhnlich. Alle Menschen neigen dazu zu zaudern. Wir alle wollen reich werden; doch wie oft, wenn sich die Gelegenheit dazu bietet, führt dieses Zaudern zu zahlreichen Verzögerungen! Wenn wir uns nicht davon frei machen, werden wir selbst zu unserem ärgsten Feind. In meinen jüngeren Jahren war mir der Begriff, den unser Freund vorhin ins Spiel gebracht hat, nicht bekannt. Anfangs nahm ich an, dass es an meinem schlechten Urteilsvermögen lag, dass ich mir so viele einträgliche Geschäfte entgehen ließ. Später schrieb ich es meiner Sturheit zu. Doch schließlich erkannte ich die Wahrheit – wo rasches Handeln angesagt war, zögerte ich unnötig lange; zauderte, anstatt schnell und entschlossen zu handeln. Wie hasste ich das, als ich es erkannt hatte! Mit der Bitterkeit eines einem Wagen vorgespannten Wildesels löste ich mich von diesem Feind, um den Weg des Erfolgs zu beschreiten.«

»Danke! Ich würde gern den Herrn Kaufmann etwas fragen«, sagte der Mann. »Du trägst kostbare Gewänder, sprichst wie ein erfolgreicher Mann. Sag, achtest du darauf, wenn der Zauderer in dir spricht?« »Wie unser Freund, der Ankäufer, musste auch ich Zaudern erkennen und bekämpfen«, erwiderte der Kaufmann. »Für mich war es ein Feind, der immer auf der Lauer lag und darauf wartete, meine Erfolge zu unterminieren. Die Geschichte, die ich erzählt habe, ist nur ein Beispiel von vielen, die beweisen, wie ich mir gute Gelegenheiten habe entgehen lassen. Wenn man es erst einmal begriffen hat, ist es nicht schwierig, dagegen anzukämpfen. Kein Mann erlaubt einem Dieb freiwillig, seine Kornbehälter zu entwenden, oder lässt sich von seinem Feind seine Kunden abwerben und seine Gewinne nehmen. Als ich erkannt hatte, dass mein Feind sich so verhielt, bekämpfte ich ihn entschlossen. So muss jeder Mann sein Zaudern überwinden, bevor er erwarten kann, an den Reichtümern teilzuhaben. Was sagst du dazu? Da du der reichste Mann der Stadt bist, glauben viele, du seist auch der glücklichste. Stimmst du mir zu, dass jemand erst dann den Erfolg voll auskosten kann, wenn er sein Zaudern überwunden hat?« »Es ist genau so, wie du sagst«, gab der reichste Mann der Stadt zu. »Im Laufe meines langen Lebens habe ich mehrere Generationen erlebt, die den Weg des Handels, der Wissenschaft und des Lernens eingeschlagen haben; Wege, die gewöhnlich zum Erfolg führen. All diesen Männern bot sich eine günstige Gelegenheit. Einige davon ergriffen sie, was zur Folge hatte, dass ihre innigsten Wünsche erfüllt wurden, doch die meisten zögerten, schwankten und fielen auf ihrem Weg zum Erfolg zurück.«

Der reichste Mann der Stadt wandte sich an den Tuchweber. »Du hast vorgeschlagen, wir sollten über das Glück diskutieren. Lass uns hören, wie du jetzt über das Thema denkst.« »Ich sehe das Glück heute in einem anderen Licht. Ich hatte es mir als etwas höchst Wünschenswertes vorgestellt, das einem Mann in den Schoß fällt, ohne dass er sich anzustrengen braucht. Aber aus unserer Diskussion habe ich gelernt: Wenn man Glück erlangen möchte, muss man die sich bietenden Gelegenheiten nutzen. Deshalb werde ich mich in Zukunft bemühen, solche Gelegenheiten beim Schopf zu packen.« »Du hast begriffen, worum es in unserer Diskussion ging«, erwiderte der reichste Mann der Stadt. »Das Glück wird einem oft aufgrund einer guten Gelegenheit zuteil und selten auf andere Weise. Unser Freund, der Kaufmann, hätte sein Glück machen können, wenn er die Gelegenheit, die ihm wohlwollend auf dem Silbertablett serviert wurde, ergriffen hätte. Ebenso hätte unser Freund, der Aufkäufer, das Glück genießen können, wenn er die Herde aufgekauft und sie mit gutem Gewinn weiterveräußert hätte. Wir führen diese Diskussion, um nach Wegen zu suchen, das Glück zu finden. Ich glaube, wir haben es gefunden. Beide Berichte haben gezeigt, dass eine günstige Gelegenheit die Voraussetzung für das Zuteilwerden des Glücks schafft. Darin liegt eine Wahrheit, die viele ähnliche Geschichten über das Glück, mit gutem oder schlechtem Ausgang, nicht ändern können. Die Wahrheit ist nämlich folgende: *Das Glück kann angelockt werden, wenn man die Gelegenheit nutzt.* Jene, die begierig sind, die Gelegenheiten, die sich ihnen bieten, zu ergreifen, erwecken das Interesse der Glücksgöttin. Sie ist immer bereit, denen zu helfen, die ihr gefallen. Männer voller Tatkraft sagen ihr am meisten zu. Denkt daran: Tatkräftiges Handeln bringt euch den gewünschten Erfolg.«

Das Glück liebt die Tatkräftigen!

Die fünf Gesetzmäßigkeiten des Goldes

»Du hast im Leben zwei Optionen: Entweder du bist Herrscher (Fischer) oder Sklave (Fisch-Abnehmer) deines Lebens, soll heißen, entweder lernst du vom Fischer (Herrscher), wie man Fische angelt, oder du wartest darauf, dass der Fischer dir (Fisch-Abnehmer) dein Leben lang einen Fisch auf deinen Teller bringt.«

»Wenn ihr zwischen einem Beutel voller Gold und einer Tontafel, in die Worte der Weisheit geritzt sind, wählen könntet, wofür würdet ihr euch entscheiden?«

Im flackernden Licht des mit Wüstensträuchern entfachten Feuers verrieten die braun gebrannten Gesichter der Zuhörer Interesse. »Für das Gold!«, riefen die 27 Menschen im Chor. Der Alte lächelte weise. »Hört«, sagte er gebieterisch und hob die Hand. »Hört ihr die Wildhunde da draußen in der Nacht? Sie heulen und winseln, weil sie ausgehungert sind. Aber wenn man sie füttert, was geschieht dann? Sie kämpfen und stolzieren umher, verschwenden keinen Gedanken an das Morgen, das unweigerlich kommen wird. Genauso verhält es sich mit den Menschen. Bietet man ihnen die Möglichkeit, Gold und Weisheit zu erlangen, was tun sie? Sie missachten die Weisheit und verprassen das Gold. Am nächsten Morgen jammern sie, weil sie kein Gold mehr haben. Denkt daran, ein Job ist kein Garant. Sobald euch euer Arbeitgeber nicht mehr braucht, steht ihr auf der Straße. Wenn ihr einen Job bei eurem eigenen Familienunternehmen habt, dann ändert das die Situation, weil ihr in Zukunft ein Imperium erben werdet. Das Gold ist denen vorbehalten, die seine Gesetze kennen und sich daran halten. Da ihr mir auf unserer langen Reise getreulich gedient habt, euch gut um meine Kamele gekümmert habt und mit mir klaglos durch den heißen Wüstensand gezogen seid und tapfer die Diebe abgewimmelt habt, die meine Ware rauben wollten, verrate ich euch heute die fünf Gesetze des Goldes. Eine solche Geschichte habt ihr noch nie zuvor gehört. Lauscht aufmerksam meinen Worten, denn wenn ihr ihre Bedeutung begreift und sie beachtet, werdet ihr in Zukunft viel Gold euer Eigen nennen.«

Er schwieg. Alle waren beeindruckt. Am dunklen Himmelszelt leuchteten die Sterne über der reichsten Stadt. Hinter der Gruppe der Männer erkannte man im Dämmerlicht ihre Zelte, die gegen Wüstenstürme festgeplockt waren. Neben den Zelten sah man Waren aufgestapelt, die mit Fellen bedeckt waren. Die Kamele hatten sich im Wüstensand verteilt; einige käuten gemächlich ihr Futter wieder, andere schnaubten unbehaglich. »Du hast uns viele gute Geschichten erzählt«, ergriff der Hauptpacker das Wort. »Wir vertrauen deiner Weisheit, damit wir morgen, wenn unser Dienst bei dir zu Ende ist, wissen, wie es weitergeht.« »Ich habe euch bisher nur von meinen Abenteuern in fremden, weit entfernten Ländern berichtet, aber heute Abend werde ich euch mit der Weisheit des reichsten Mann der Stadt vertraut machen.« »Ja, wir haben schon viel über ihn gehört«, warf der Hauptpacker ein, »denn er war der reichste Mann, der je in der Stadt gelebt hat.« »Ja er war der reichste Mann, und zwar deshalb, weil er so gut mit Gold umgehen konnte wie niemand vor ihm. Heute Abend erzähle ich euch von seiner großen Klugheit, wie ich es vor vielen Jahren von seinem Sohn erfahren habe.«

»Mein Herr und ich hatten uns bis in die späte Nacht im Palast seines Sohnes aufgehalten. Ich hatte meinem Herrn geholfen, große Packen von kostbaren kleinen Teppichen in den Palast zu schleppen, die alle von seinem Sohn geprüft wurden, bis er die richtige Farbe gefunden hatte. Schließlich war er hoch zufrieden, lud uns ein, uns zu ihm zu setzen, und bot uns einen exzellenten Tropfen an, dessen köstliches Aroma in die Nase stieg und meinen Magen erwärmte, der an solche Getränke nicht gewohnt war. Dann erzählte er uns von der großen Weisheit seines Vaters. Wie ihr wisst, ist es in der reichsten Stadt ein Brauch, dass die Söhne reicher Leute bei ihren Eltern leben und darauf warten, deren Vermögen zu erben [was im heutigen Zeitalter nicht anders ist, je nach Erziehung wächst das Imperium in der nächsten Generation oder es geht bergab]. Dem reichsten Mann der Stadt gefiel dieser Brauch keineswegs. Deshalb bestellte er seinen Sohn zu sich, als dieser das Mannesalter erreicht hatte, und sagte zu dem jungen Mann: ›Mein Sohn, es ist mein Wunsch, dass du mein Vermögen erbst. Aber zuerst musst du beweisen, dass du fähig bist, klug damit umzugehen. Deshalb wünsche ich, dass du dich auf den Weg machst und deine Fähigkeit unter Beweis stellst, Gold zu erwerben und dir unter den Männern Achtung zu verschaffen. Zur Unterstützung gebe ich dir die zwei Dinge mit, die mir als mittelosem jungem Kerl, der sich ein Vermögen aufbaute, nicht zur Verfügung standen. Als Erstes überreiche ich dir diese Tontafel, auf der die fünf Gesetze des Goldes eingeritzt sind. Wenn du sie bei all deinen Handlungen beachtest, werden sie dir Befähigung und Sicherheit vermitteln. Kehre nach zehn Jahren wieder in das Haus deines Vaters zurück und erstatte ihm Bericht. Wenn du dich als würdig erweist, wirst du der Erbe meines Vermögens sein. Andernfalls gebe ich mein Gold einer Wasserpipeline, damit diese dauerhaft Wasser für die Stadt zur Verfügung stellt.‹

So brach sein Sohn auf, um seinen Weg zu gehen. Er nahm seinen Sack mit Gold, die Tontafel, die er in ein Seidentuch gehüllt hatte, seinen Sklaven und Pferde mit. Zehn Jahre vergingen. Danach kehrte sein Sohn, wie vereinbart, wieder ins Haus seines Vaters zurück, der ihm zu Ehren ein großes Fest gab und viele Verwandte und Freunde dazu einlud. Nach Beendigung des Festes nahmen Vater und Mutter auf ihren thronähnlichen Sitzen in der Großen Halle Platz. Sein Sohn trat vor sie, um Bericht zu erstatten, wie er es seinem Vater versprochen hatte. Es war Abend, und der Raum war erfüllt vom Rauch der Öllampen, die ihn nur spärlich erleuchteten. Sklaven in weißen Jacken und Gewändern fächelten mit langstieligen Palmblättern Kühlung. Seines Sohnes Gemahlin und ihre beiden kleinen Söhne hatten auf kleinen Teppichen zusammen mit Freunden und anderen Familienmitgliedern Platz genommen und lauschten gespannt.

›Mein Vater‹, wandte sich sein Sohn ehrerbietig an seinen Vater und sprach: ›Ich verneige mich vor deiner Weisheit. Als ich vor zehn Jahren ins Mannesalter kam, hast du mich gebeten, mich auf den Weg zu machen und mich unter Männern zu bewähren und nicht Vasall deines Vermögens zu bleiben. Du hast mich großzügig mit Gold und deiner Weisheit ausgestattet. Allerdings muss ich leider gestehen, dass ich das Gold schlecht verwaltet habe. Es zerrann wie Sand zwischen meinen unerfahrenen Fingern.‹ Der Vater lächelte nachsichtig. ›Fahr fort, mein Sohn, deine Geschichte interessiert mich in allen Einzelheiten.‹ ›Ich beschloss, nach Ninive zu gehen, da diese Stadt florierte, und hoffte, dass sich mir dort günstige Gelegenheiten bieten würden. Ich schloss mich einer Karawane an und fand unter den Teilnehmern viele Freunde. Darunter waren auch zwei kultivierte Männer, die einen Hengst hatten, der so schnell wie der Wind war. Während unserer Reise erzählten sie mir im Vertrauen, in Ninive lebe ein reicher Mann, der ein Pferd besitze, das so schnell sei, dass es noch nie geschlagen wurde. Sein Besitzer glaube, dass kein Pferd auf der weiten Welt schneller sei. Deshalb würde er jede Summe wetten, dass sein Pferd jedes andere Pferd in der reichen Stadt übertreffe. Im Vergleich zu ihrem Pferd, behaupteten meine Freunde, sei es aber nur ein schwerfälliger Gaul, der mit Leichtigkeit geschlagen werden könne. Sie boten mir als besondere Gefälligkeit an, mit ihnen an einer Wette teilzunehmen, worauf ich mich dann auch einließ. Aber unser Pferd wurde haushoch geschlagen und ich verlor einen großen Teil meines Goldes.‹ Der Vater lachte. ›Später entdeckte ich‹, fuhr der Sohn fort, ›dass dies ein tückischer Plan der beiden Männer war, denn sie waren ständig mit Karawanen unterwegs und suchten sich unter den Teilnehmern ihre Opfer. Der Mann in Ninive war ihr Partner, der sich mit ihnen die Wetteinsätze, die sie gewannen, teilte. Diese perfide Täuschung lehrte mich meine erste Lektion. Aber bald sollte ich meine zweite lernen, die genauso bitter war. Unter den Teilnehmern der Karawane befand sich ein anderer junger Mann, mit dem ich mich anfreundete. Er war der Sohn wohlhabender Eltern und wollte, genauso wie ich, nach Ninive, um dort sein Glück zu suchen. Kurz nach unserer Ankunft berichtete er mir, ein Kaufmann sei gestorben und sein Geschäft mit einem großen Warenlager und Kundschaft könne zu einem Spottpreis erworben werden. Er sagte, wir könnten es uns als gleichwertige Partner teilen, aber zuerst müsse er in die reichste Stadt zurückkehren, um dort sein Gold zu holen. In der Zwischenzeit verlasse er sich darauf, dass ich das Geschäft mit meinem Gold erwerbe. Er würde dann später seines investieren. Er zögerte die Reise in die reichste Stadt lange hinaus, erwies sich in der Zwischenzeit als unkluger Käufer und leichtsinniger Prasser. Schließlich, als das Geschäft immer schlechter lief, warf ich ihn hinaus, und weil wir nur unverkäufliche Waren und kein Geld hatten, weitere zu kaufen, veräußerte ich das Geschäft zu einem Schleuderpreis an einen Fremden. Es folgten bittere Tage. Ich suchte verzweifelt eine Anstellung und bekam keine, denn ich besaß keine Ausbildung, mit der ich mir meinen Lebensunterhalt hätte verdienen können. Zuletzt verkaufte ich meinen Sklaven, meine Pferde und meine Gewänder, um ein Dach über dem Kopf und etwas zu essen zu haben, aber meine Lage wurde mit jedem Tage hoffnungsloser. In dieser schweren Zeit hielt ich immer dein Vertrauen in mich vor Augen, Vater. Du hast mich weggeschickt, damit ich ein Mann werde, und dieses Ziel wollte ich unbedingt erreichen.‹ Bei diesen Worten vergrub die Mutter ihr Gesicht in den Händen und weinte bitterlich. ›Ich erinnerte mich an die Tontafel, die du mir mitgegeben hattest. Also nahm ich aufmerksam die Worte der Weisheit in mich auf und erkannte: Hätte ich mich zuerst um Weisheit bemüht, wäre mein Gold nicht verloren gegangen. Ich lernte jedes Gesetz auswendig und war entschlossen, wenn mir die Glücksgöttin noch einmal zulächeln würde, dann würde ich mich von der Weisheit des Alters leiten lassen und nicht von der Unerfahrenheit der Jugend. Zu euer aller Wohl will ich euch diese Gesetze, die mir mein Vater vor Zehn Jahren anvertraut hatte, vortragen.

Zu sagen:
Ich will reich werden, genügt nicht.
Handeln Sie jetzt!

Die fünf Gesetze des Goldes

1. Das Gold fließt mühelos jenem Mann in reicher Fülle zu, der nicht weniger als ein Zehntel seines Einkommens konsequent zur Seite legt, um für die Zukunft für sich und seine Familie ein Vermögen zu schaffen.

2. Gold arbeitet sorgfältig und zufriedenstellend für den klugen Besitzer, der eine gewinnbringende Arbeit für es findet. Das Gold wird sich dann vermehren wie die Herden auf der Weide.

3. Gold ist auf die Fürsorge des vorsichtigen Besitzers angewiesen, der es unter der Anleitung kluger, erfahrener Männer investiert.

4. Gold zerrinnt jenem Mann zwischen den Fingern, der es in Geschäfte oder Vorhaben investiert, die ihm nicht vertraut sind oder die erfahrene Männer missbilligen.

5. Gold ist für denjenigen verloren, der es in unrealistische Vorhaben steckt oder auf die verlockende Empfehlung von Betrügern und Spekulanten hereinfällt oder aufgrund seiner eigenen Unerfahrenheit unklug investiert oder sich seinen romantischen Wünschen hingibt.

›Dies sind die fünf Gesetze des Goldes, wie sie mein Vater aufgeschrieben hat. Ich behaupte, sie sind wertvoller als das Gold selbst, wie ich euch gleich beweisen werde.‹ Er warf seinem Vater einen Blick zu. ›Ich habe dir gerade von meiner grenzenlosen Armut und Verzweiflung berichtet, in die ich aufgrund meiner Unerfahrenheit geraten war. Aber auch das Unglück währt nicht ewig. Meines war zu Ende, als ich eine Gruppe von Sklaven beaufsichtigen sollte, die damit beauftragt waren, Arbeiten an der äußeren Stadtmauer zu verrichten. In Befolgung des ersten Gesetzes des Goldes sparte ich von meinem ersten Verdienst eine Kupfermünze und fuhr so fort, bis ich ein Silberstück angespart hatte. Es ging sehr langsam, denn ich musste ja auch leben. Ich gebe zu, dass ich nur murrend mein Geld ausgab, denn ich war entschlossen, noch vor Ablauf der zehn Jahre wieder so viel Gold verdient zu haben, wie du, mein Vater, mir mitgegeben hattest. Eines Tages sagte der Sklavenaufseher, mit dem ich mich angefreundet hatte, zu mir: ›Du bist ein sparsamer junger Mann, der nicht sinnlos ausgibt, was er verdient. Hast du Geld auf die Seite gelegt, das aber keinen Ertrag bringt?‹ ›Ja‹, erwiderte ich, ›denn es ist mein größter Wunsch, Gold anzuhäufen, um das wieder zu ersetzen, was ich eingebüßt habe.‹ ›Das ist ein guter Vorsatz, das muss ich zugeben. Aber weißt du, dass das Gold, das du gespart hast, auch für dich arbeiten und deine Ersparnisse vergrößern kann?‹ ›Nun, ich habe böse Erfahrungen gemacht, denn das Gold meines Vaters zerrann mir zwischen den Fingern, und ich habe Angst, es könnte mit meinem eigenen das Gleiche geschehen.‹ ›Wenn du mir vertraust, erteile ich dir eine Lektion darin, wie man Gold gewinnträchtig anlegt‹, erwiderte er. ›Im Laufe eines Jahres wird die äußere Mauer vollendet sein. Dann werden auf beiden Seiten große Bronze Tore errichtet, um die reichste Stadt vor Feinden des Königs zu schützen. In ganz Ninive gibt es nicht genug Metall dafür, und der König hat dies nicht bedacht. Mein Plan ist folgender: Mehrere Männer legen ihr Gold zusammen und schicken eine Karawane zu den Kupfer- und Zinnminen, die weit entfernt sind, und holen dort das Metall für die Tore nach Ninive. Wenn der König sagt: ›Errichtet die großen Tore!‹, können nur wir das Metall liefern, und er wird uns einen hohen Preis dafür bezahlen. Kauft uns der König das Metall nicht ab, können wir es immer noch zu einem guten Preis anderweitig verkaufen.‹ In seinem Angebot erkannte ich eine gute Gelegenheit, die im dritten Gesetz angesprochen wird, meine Ersparnisse unter der Leitung kluger Männer anzulegen. Ich sollte auch nicht enttäuscht werden, denn unser Unternehmen erwies sich als Erfolg und mein kleiner Goldbestand wurde dadurch erheblich vergrößert. Zusammen mit dieser Gruppe legte ich mein Gold auch in andere Projekte an. Es waren kluge Männer, die gut mit Gold umgehen konnten. Jeder Plan wurde sorgfältig untersucht, bevor man sich darauf einließ. Keiner wollte das Risiko eingehen, sein Vermögen zu verlieren oder es in wenig Erfolg versprechende Unternehmen zu stecken, von denen sein Gold sich nicht mehr erholen konnte. Solche Dummheiten wie das Pferderennen und die Geschäftspartnerschaft, auf die ich mich in meiner Naivität eingelassen hatte, hätten vor ihren kritischen Augen keine Gnade gefunden, und sie hätten mich sofort auf die Schwachpunkte hingewiesen. Durch meine Verbindung mit diesen Männern lernte ich, Gold so anzulegen, dass es gute Erträge erbrachte. Mit den Jahren wuchs mein Vermögen immer mehr und immer schneller. Ich habe nicht nur das zurückbekommen, was ich eingebüßt hatte, nein, ich habe meinen anfänglichen Goldbestand sogar beträchtlich vermehrt. Angeregt durch mein Pech, meine Versuche und meine Erfolge, habe ich immer wieder die fünf Gesetze des Goldes erprobt und festgestellt, dass sie durch und durch richtig sind. Wer sie nicht kennt, hat wenige Chancen, zu Gold zu kommen, und wenn, dann verliert er es schnell wieder. Aber wer sich an die fünf Gesetze hält, besitzt große Chancen, Gold zu erwerben, das als ergebener Sklave für ihn arbeitet.‹

Nomasir beendete seinen Bericht und gab einem Sklaven im Hintergrund des Raums ein Zeichen. Dieser schleppte nacheinander schwere Ledersäcke herbei. Nomasir nahm einen davon und legte ihn auf den Boden vor seinen Vater und sprach: ›Du hast mir einen Sack Gold gegeben, Gold aus der reichsten Stadt. Stattdessen gebe ich dir einen Sack Gold aus einer anderen Stadt zurück, das genauso viel wiegt. Ein gerechter Austausch, wie alle erkennen werden. Du hast mir eine Tontafel mitgegeben, die viel Weisheit enthält. Dafür gebe ich dir zwei Säcke Gold zurück.‹ Mit diesen Worten nahm er von dem Sklaven die beiden anderen Säcke entgegen und legte sie ebenfalls auf den Boden vor seinen Vater. ›Damit beweise ich dir, mein Vater, wie viel höher ich deine Weisheit schätze als dein Gold. Doch wer kann den Wert der Weisheit in Goldsäcken abmessen? Ohne Klugheit geht das Gold schnell verloren, aber mit Weisheit kann es von denen erlangt werden, die es nicht besitzen, wie diese drei Säcke Gold beweisen. Es ist mir eine große Befriedigung, mein Vater, vor dir zu stehen und dir zu berichten, dass ich aufgrund deiner Weisheit reich geworden bin und mir die Achtung der Menschen erworben habe.‹ Der Vater legte liebevoll die Hand auf seines Sohnes Kopf ›Du hast deine Lektionen gut gelernt, und ich bin wirklich glücklich, einen Sohn zu haben, dem ich meinen Reichtum anvertrauen kann.«‹

Kalabab beendete seinen Bericht und musterte seine Zuhörer. »Was sagt euch diese Geschichte vom Sohn des reichsten Mannes der Stadt?«, fragte er nun. »Wer von euch kann vor seinen Vater treten oder vor den Vater seiner Gemahlin und diesem berichten, wie er weise mit seinem Verdienst umgegangen ist? Was würden diese ehrenwerten Männer denken, wenn ihr sagen würdet: ›Ich bin viel herumgekommen, habe viel gelernt, viel gearbeitet und viel verdient, habe aber leider wenig Gold erworben. Einen Teil habe ich umsichtig verwendet, einen anderen verprasst, und einen großen Teil habe ich durch unsinnige Unternehmen eingebüßt.‹? Haltet ihr es immer noch für eine Laune des Schicksals, dass einige Männer viel Gold besitzen und andere gar keines? Dann irrt ihr euch. Männer kommen in den Besitz von viel Gold, wenn sie die fünf Gesetze des Goldes kennen und sie befolgen. Da ich diese fünf Gesetze bereits in meiner Jugend lernte und sie beachtete, wurde ich ein reicher Kaufmann und habe meinen Reichtum nicht dank eines geheimnisvollen Zaubers erworben. Reichtum, der einem schnell zufällt, verflüchtigt sich auch genauso schnell wieder. Reichtum, der seinem Besitzer Freude und Befriedigung verschafft, stellt sich erst allmählich ein, denn er ist das Kind von Wissen und ständigem Bestreben. Reichtum zu erwerben, bedeutet für den bedächtigen Mann nur eine kleine Last. Aber wenn er die Last kontinuierlich von Jahr zu Jahr trägt, erreicht er schließlich sein Endziel. Die fünf Gesetze des Goldes bieten euch reiche Belohnung, wenn ihr sie beachtet. Jedes der fünf Gesetze ist von tiefer Bedeutung, und für den Fall, dass ihr dies bei meinem kurzen Bericht übersehen habt, werde ich sie jetzt wiederholen. Ich kenne sie alle auswendig, da ich schon in meiner Jugend ihren Wert erkannte und mich nicht eher zufriedengab, bis ich sie Wort für Wort hersagen konnte.

Das 1. Gesetz des Goldes

Gold fällt jedem Mann in großer Menge in den Schoss, der nicht weniger als ein Zehntel seines Verdienstes zur Seite legt, um sich ein Vermögen für seine Zukunft aufzubauen.

»Jeder Mann, der konstant ein Zehntel seines Verdienstes spart und diese Summe klug anlegt, wird gewiss ein beträchtliches Vermögen aufbauen, das ihm in der Zukunft ein Einkommen sichern wird und Sicherheit für seine Familie bedeutet. Dieses Gesetz besagt auch, dass das Gold einem solchen Manne zufällt. Ich kann dies aus eigener Erfahrung bestätigen. Je mehr Gold ich anhäufte, desto bereitwilliger floss es mir zu, in immer größeren Mengen. Das Gold, das ich spare, vermehrt sich, genauso wie es eures tun wird, und der Ertrag davon bringt noch mehr ein. Genau so funktioniert unser erstes Gesetz.«

Das 2. Gesetz des Goldes

Das Gold arbeitet für den klugen Besitzer umsichtig und zufriedenstellend, wenn er es gewinnbringend nutzt und vermehrt wie die Herden auf der Weide.

»Das Gold ist ein williger Arbeiter, der immer gern bereit ist, mehr zu arbeiten, wenn sich die Gelegenheit dazu bietet. Jedem Mann, der ein kleines Vermögen an Gold angehäuft hat, bietet sich die Gelegenheit für die bestmögliche Nutzung. Im Lauf der Jahre vermehrt es sich auf überraschende Weise.«

Das 3. Gesetz des Goldes

Gold hängt von der Fürsorge des vorsichtigen Besitzers ab, der es unter der Anleitung von Männern anlegt, die weise damit umgehen.

»Gold fließt dem achtsamen Besitzer zu, wie es dem achtlosen zwischen den Fingern zerrinnt. Der Mann, der den Rat jener sucht, die klug mit Gold umgehen, lernt bald, seinen Schatz nicht aufs Spiel zu setzen, sondern ihn zu hüten und befriedigt sein stetiges Wachsen zu genießen.«

Das 4. Gesetz des Goldes

Gold zerrinnt zwischen den Fingern jenes Mannes, der es in Geschäfte oder Unternehmen investiert, die ihm nicht vertraut sind oder die von erfahrenen Männern missbilligt werden.

»Dem Manne, der Gold besitzt, aber keine finanzielle Bildung oder Erfahrung hat, wie man damit umgeht, erscheinen viele Verwendungsmöglichkeiten einträglich. Allzu oft jedoch besteht bei diesen die Gefahr des Verlustes, denn sie erweisen sich, wenn sie gründlich von klugen Männern untersucht werden, als wenig gewinnbringend. Deshalb muss der unerfahrene Gold-Besitzer, der seinem eigenen Urteil vertraut und das Gold in Geschäfte oder Projekte investiert, von denen er keine Ahnung hat, im Nachhinein nur allzu oft feststellen, dass sein Urteil mangelhaft ist, und für seine Unerfahrenheit mit seinem Vermögen zahlen. Weise ist jedoch jener, der sich von klugen Männern, die sich mit Gold auskennen, bei seinem Vermögensaufbau beraten lässt. Bevor du anfängst zu rennen, lerne erst zu laufen.«

Das 5. Gesetz des Goldes

Gold ist für jenen verloren, der es in unrealistische Vorhaben investiert, der dem verlockenden Rat von Betrügern und Spekulanten folgt oder der bei der Anlage seiner eigenen Unerfahrenheit unterliegt und sich von romantischen Wünschen leiten lässt.

»Neuen Besitzern von Gold werden oft fantastische Vorschläge gemacht, die so aufregend wie Abenteuergeschichten klingen. Der neu erworbene Schatz scheint mit Zauberkräften ausgestattet, wodurch er sich auf wunderbare Weise vermehren soll. Doch haltet euch an den Rat weiser Männer, denn sie kennen die Gefahren, die jedes Projekt in sich birgt, das plötzlich Reichtum verspricht. Denkt an die reichen Männer von Ninive, die kein Risiko eingingen, ihr Kapital zu verlieren oder in unrentable Anlagen zu stecken.

Hier endet mein Bericht über die fünf Gesetze des Goldes. Damit habe ich euch gelichzeitig die Geheimnisse meines eigenen Erfolgs verraten. Doch es sind keine Geheimnisse, sondern Wahrheiten, die jeder Mann erst lernen und dann befolgen muss, wenn er sich von der Menge unterscheiden möchte, die wie junge Wildhunde jeden Tag ums tägliche Brot kämpfen muss. Denke daran, entweder bist du ein ›Fischer‹ oder ein ›Fischabnehmer‹.

Morgen begeben wir uns in die reichste Stadt. Seht das ewige Feuer über dem Tempel von Bel. Wir befinden uns bereits in der Nähe der goldenen Stadt. Morgen werdet ihr Gold besitzen – das Gold, das ihr euch durch eure treuen Dienste redlich verdient habt. Was werdet ihr in zehn Jahren aus diesem Gold gemacht haben? Wenn es unter euch Männer gibt wie den Sohn des reichsten Mannes der Stadt, solche, die mit ihrem eigenen Teil des Goldes den Grundstein für ihr Vermögen legen wollen und sich vom Wissen des reichsten Mannes der Stadt weise leiten lassen werden, so werden sie die Chance erhalten, wie sein Sohn in zehn Jahren reich und respektiert zu sein.

Unsere klugen Handlungen begleiten uns durchs Leben, um uns zu helfen und zu erfreuen. Genauso begleiten uns unsere törichten Handlungen, um uns zu quälen und zu foltern. Leider können sie nicht ungeschehen gemacht werden. An vorderster Front der Qualen stehen die Erinnerungen an die Dinge, die wir hätten tun sollen, und dann die Gelegenheiten, die sich uns boten und die wir nicht genutzt haben. Die Schätze der reichsten Stadt sind unermesslich, sie lassen sich nicht in Goldstücken ermessen. Jedes Jahr wachsen sie weiter an. Wie die Schätze in anderen Ländern bergen auch sie einen hohen Lohn in sich, der all jene entschlossenen Männer erwartet, die nicht bereit sind, sich ihren Anteil daran entgehen zu lassen. In der Kraft eurer Wünsche liegt Zauberkraft. Mit dieser und der Kenntnis der fünf Gesetze des Goldes werdet ihr an den Schätzen der reichsten Stadt teilhaben.«

Der Goldverleiher

Fünfzig Goldstücke! Noch nie zuvor hatte Rodan, der Speermacher, so viel Geld in seinem Lederbeutel mit sich herumgetragen. Glücklich schlenderte er den Weg vom Palast des freigebigen Königs hinunter in die Stadt, und fröhlich klingelte das Gold, als der Beutel an seinem Gürtel hin- und herschwang. Es war die betörendste Musik, die er je gehört hatte. Fünfzig Goldstücke! Und sie gehörten alle ihm! Er konnte sein Glück kaum fassen. Welche Macht lag doch in diesen klingenden Münzen! Sie konnten ihm alles verschaffen, was er sich wünschte – ein prachtvolles Haus, Land, Vieh, Kamele, Pferde, Wagen und noch vieles mehr. Was sollte er mit dem Gold anstellen? Als er an diesem Abend in eine Seitengasse einbog, um seine Schwester zu besuchen, konnte er sich nichts vorstellen, was er lieber besäße als diese glänzenden, schweren Goldstücke, die ihm jetzt gehörten.

Einige Tage später betrat eines Abends ein verwirrter Rodan das Geschäft von Mathon, dem Goldverleiher und Händler von Juwelen und kostbaren Stoffen. Er blickte weder nach links noch nach rechts, um die bunten, kunstvoll arrangierten Waren zu bewundern, sondern steuerte schnurstracks auf die Privaträume im Hintergrund des Ladens zu. Hier fand er den liebenswürdigen Mathon, der auf einem kleinen Teppich ruhte und gerade ein Mahl zu sich nahm, dass ihm ein schwarzer Sklave servierte. »Ich möchte mich gerne von dir beraten lassen, denn ich weiß nicht, was ich tun soll«, begrüßte ihn Rodan und pflanzte sich breitbeinig vor ihm auf. Über Mathon schmales, blässliches Gesicht huschte ein freundliches Lächeln. »Welche Unbesonnenheiten hast du begangen, dass du einen Goldverleiher aufsuchen musst? Hattest du Pech am Spieltisch? Oder hat dich irgendein dralles Frauenzimmer in ihre Netze gelockt? Ich kenne dich schon viele Jahre, aber noch nie hast du mich aufgesucht, um dir in deinen Nöten helfen zu lassen.« »Nein, nein. So ist es nicht. Ich suche kein Gold, sondern brauche unbedingt deinen weisen Rat.« »Da schau an! Was du nicht sagst! Niemand wendet sich um Rat an den Goldverleiher. Meine Ohren spielen mir wohl einen Streich.« »Nein, sie haben richtig gehört.« »Ist das möglich? Rodan, der Speermacher, beweist mehr Verstand als alle anderen, denn er kommt zu Mathon, nicht wegen des Goldes, sondern wegen eines Rates. Viele Männer kommen zu mir wegen Gold, um ihre Dummheiten auszubügeln, aber meinen Rat wollen sie nicht. Doch wer kann besseren Rat erteilen als der Goldverleiher, zu dem viele Männer in Not kommen? Du sollst mein Gast sein, Rodan«, fuhr er fort, »du sollst heute Abend mit mir speisen. – Ando!«, wies er den schwarzen Sklaven an, »hol einen Teppich für meinen Freund Rodan, den Speermacher, der meinen Rat wünscht! Er soll mein hochgeachteter Gast sein. Serviere ihm so viel Essen, wie er wünscht, und hole meinen größten Becher. Wähle dazu den besten Wein, damit er ihm mundet. Und du, Rodan, berichte mir, was dich beunruhigt.« »Das Geschenk des Königs.« »Das Geschenk des Königs? Der König hat dir ein Geschenk gemacht, und das bereitet dir Kummer? Was ist es für ein Geschenk?« »Da er so angetan war von dem Entwurf, den ich ihm für eine neue Speerspitze der königlichen Wache vorlegte, machte er mir fünfzig Goldstücke zum Geschenk, und jetzt bin ich ganz verwirrt. Ich werde jede Stunde, in der die Sonne ihre Bahn am Himmel zieht, von denen bedrängt, die es mit mir teilen möchten.« »Das ist ganz normal. Viele Menschen streben nach Gold und wünschen sich jemanden, der vorbeikommt und es ihnen bringt. Aber kannst du nicht einfach ›Nein‹ sagen? Ist dein Wille nicht so stark wie deine Faust?« »Zu vielen kann ich ›Nein‹ sagen, aber manchmal wäre es einfacher, ›Ja‹ zu sagen. Kann man seine einzige Schwester ausschließen, mit der man tief verbunden ist?« »Doch deine Schwester würde dich doch sicherlich nicht der Freude an deiner Belohnung berauben wollen?« »Gewiss nicht, aber es geht in erster Linie um Araman, ihren Gatten, den sie gerne als reichen Kaufmann sehen würde. Sie hat das Gefühl, dass er nie eine Chance gehabt hat, und bedrängt mich, ihm dieses Gold zu leihen, damit er ein wohlhabender Kaufmann wird und mir das Geld später aus seinen Gewinnen zurückzahlt.« »Mein Freund«, meinte Mathon, »du bringst hier ein wichtiges Thema zur Sprache. Gold bedeutet für denjenigen, der es besitzt, Verantwortung und verändert seine Position gegenüber Mitmenschen. Der Besitz dieses Edelmetalls ist auch mit der Angst verbunden, es zu verlieren oder durch List seiner beraubt zu werden. Es vermittelt seinem Besitzer ein Gefühl der Macht und eröffnet ihm Möglichkeiten, Gutes zu tun. Ebenso birgt es die Gefahr, trotz höchst löblicher Absichten in Schwierigkeiten zu geraten. Hast du schon einmal von dem Bauern von Ninive gehört, der die Tiersprache verstand? Ich glaube kaum, denn diese Art von Erzählungen gehört nicht gerade zu den Lieblingsthemen der Männer. Aber ich werde sie dir erzählen, denn du sollst wissen, dass das Borgen oder Verleihen von Gold mehr ist als die bloße Übergabe von Münzen von Mann zu Mann.

Jener Bauer, der verstehen konnte, was die Tiere miteinander sprechen, lungerte abends im Hof herum, um ihnen zu lauschen. Eines Tages hörte er, wie der Ochse dem Esel sein hartes Los klagte: ›Ich rackere mich ab, ziehe von früh bis spät den Pflug, muss arbeiten, egal, wie heiß es ist, wie müde meine Beine sind oder wie sehr mir der Riemen ins Fleisch schneidet. Aber du bist ein Geschöpf des Müßiggangs. Man legt eine bunte Decke auf deinen Rücken und du tust nichts anderes, als unseren Herrn dorthin zu tragen, wohin er will. Wenn er nirgendwohin will, erholst du dich und kaust den lieben langen Tag das grüne Gras.‹ Nun war aber der Esel trotz seines störrischen Gehabes ein gütiger Bursche und dem Ochsen gewogen. ›Mein lieber Freund‹, erwiderte er, ›du arbeitest sehr hart, und ich würde dir gerne dein Los erleichtern. Deshalb verrate ich dir, wie du dir vielleicht einen Ruhetag herausschinden kannst. Wenn dich morgen der Sklave vor den Pflug spannen will, leg dich auf die Erde und stöhne, sodass er annimmt, du seist krank und könntest nicht arbeiten.‹ Der Ochse folgte dem Rat des Esels, und am nächsten Morgen ging der Sklave zum Bauern und erklärte ihm, der Ochse sei krank und könne den Pflug nicht ziehen. ›Dann‹, sagte der Bauer, ›spann den Esel vor den Pflug, denn der Acker muss gepflügt werden.‹ So musste der Esel, der lediglich seinem Freund hatte helfen wollen, den ganzen Tag die Arbeit des Ochsen verrichten. Als es Abend wurde und er vom Pflug losgebunden wurde, war sein Herz voller Bitterkeit, seine Beine waren schwer und sein Hals war wund getrieben von dem Geschirr. Der Bauer lauschte erneut im Hof der Tiere. Der Ochse fing als Erster zu reden an. ›Du bist wirklich ein guter Freund, denn aufgrund deines klugen Rats konnte ich einen Ruhetag genießen.‹ ›Und ich‹, erwiderte der Esel, ›bin wie viele andere einfältige Gemüter, die im Grunde nur einem Freund helfen wollen und schließlich die Arbeit für diesen erledigen. Nun aber musst du den Pflug wieder selbst ziehen, denn ich habe gehört, wie der Herr zum Sklaven sagte, er werde den Schlachter holen, wenn du erneut krank werden solltest. Ich wünschte mir, er täte es, denn du bist ein fauler Kerl.‹ Danach redeten sie nie wieder miteinander, und so war ihre Freundschaft beendet. Kannst du mir sagen, welche Moral diese Geschichte hat, Rodan?«

»Das ist eine gute Geschichte«, antwortete Rodan, »aber die Moral ist mir nicht klar.« »Das habe ich mir fast gedacht. Aber sie ist ganz einfach: Wenn du einem Freund helfen willst, dann tu es so, dass du dir die Last deines Freundes nicht selbst aufhalst.« »Daran hatte ich nicht gedacht. Es ist eine weise Moral. Ich will mir nicht die Lasten des Gatten meiner Schwester aufladen. Aber sag mir: Du verleihst doch an so viele Leute Geld. Zahlen sie es auch zurück?« Ein wissendes Lächeln huschte über Mathons Gesicht, das seine langjährige Erfahrung verriet. »Ist ein Darlehen sinnvoll, wenn der Darlehensnehmer es nicht zurückzahlen kann? Muss nicht der Verleiher klug sein und sorgfältig abwägen, ob sein Gold bei dem Entleiher gut aufgehoben ist und er es wieder zurückbekommt oder ob es vergeudet ist, weil dieser es sinnlos verprasst und folglich seine Schulden auch nicht zurückzahlen kann? Ich zeige die die Pfandsachen in meiner Schatulle und erzähle dir einige Geschichten darüber.«

Er ließ eine Schatulle hereinbringen, die so lang wie sein Arm war. Sie war mit einem Geschütz roter Schweinehaut und mit Mustern aus Bronze verziert. Er stellte sie auf den Boden, kauerte sich davor und legte die Hände auf den Deckel. »Von jeder Person, der ich Geld borge, nehme ich ein Pfand entgegen, das hier in dieser Schatulle aufbewahrt wird, bis das Darlehen getilgt ist. Dem gewissenhaften Entleiher, der seine Schuld bezahlt, gebe ich das Pfand zurück; tut er es nicht, erinnert mich sein Pfand immer daran, dass dieser Mann meines Vertrauens nicht würdig war. Wie meine Pfandschatulle mir beweist, sind die sichersten Darlehensnehmer die, deren Besitztümer wertvoller sind als das gewünschte Darlehen. Sie besitzen Ländereien oder Juwelen oder Kamele oder andere Wertgegenstände, mit deren Erlös das Darlehen getilgt werden könnte. Einige der Pfandsachen, die mir übergeben werden, sind Juwelen, die wertvoller sind als das Darlehen selbst. Andere sind Versprechen, die besagen, dass mir, falls das Darlehen nicht wie vereinbart zurückbezahlt wird, zum Ausgleich dafür ein gewisses Stück Land übergeben wird. Bei solch abgesicherten Darlehen weiß ich, dass es mit dem entsprechenden Ertrag zurückgezahlt wird, denn es ist durch das Grundstück oder die Juwelen abgesichert. Eine andere Kategorie bilden jene Entleiher, die verdienen können. Es sind Leute wie du, die arbeiten oder dienen und dafür bezahlt werden. Sie haben ein Einkommen, und wenn sie ehrlich sind und ihnen kein Unglück widerfährt, weiß ich, dass sie das Gold, das ich ihnen leihe, zurückzahlen werden, ebenso den Ertrag, der mir zusteht; solche Darlehen beruhen auf Vertrauen. Dann gibt es noch jene, die weder durch Besitztum noch durch Verdienst abgesichert sind. Das Leben ist hart, und es gibt Menschen, die damit nicht klarkommen. Ich lasse mich trotzdem darauf ein, ihnen zu helfen, auch wenn die Erträge nur minimal sind, was mir meine Pfandschatulle in den nächsten Jahren bestimmt übel nehmen wird. Allerdings müssen für solche Darlehen gute Freunde des Entleihers geradestehen, die ihn als ehrenhaft kennen.«

Mathon ließ den Deckel los und öffnete ihn, Rodan beugte sich neugierig vor. Obenauf lag eine bronzene Halskette auf einem scharlachroten Tuch. Mathon nahm sie aus der Schatulle und tätschelte sie liebevoll. »Dieses Pfand soll immer in meiner Schatulle bleiben, weil der Besitzer in die große Dunkelheit eingetaucht ist. Ich halte sein Pfand und die Erinnerung an ihn hoch in Ehren, denn er war mein Freund. Wir trieben mit großem Erfolg Handel miteinander, bis er sich aus dem Osten eine Braut holte. Sie war schön, aber sie war anders als unsere Frauen. Ein verwirrendes Geschöpf. Er gab sein Gold verschwenderisch aus, um all ihre Wünsche zu erfüllen. Als es verbraucht war, kam er verzweifelt zu mir. Ich beratschlagte mich mit ihm und versprach ihm, ich würde ihm dabei helfen, seine Angelegenheiten in Ordnung zu bringen. Er schwor beim Zeichen des Großen Bullen, dass er dies tun würde. Aber es sollte nicht so weit kommen. Im Laufe eines Streites gab es Meinungsverschiedenheiten und so fiel ihm das undankbare Weib in den Rücken, was er leider nicht überlebte und somit in die Dunkelheit einberufen wurde.« »Und sie?«, fragte Rodan. »Natürlich gehörte die Kette ihr.« Er nahm das scharlachrote Tuch in die Hand. »Sie empfand tiefe Reue und warf sich in den Euphrat. Diese beiden Darlehen werden nie zurückgezahlt werden. Wie dir die Schatulle verrät, Rodan, bedeuten Menschen in den Fängen großer Gefühlswallungen keine Garantie für den Goldverleiher. Schau, mit dem hier verhält es sich anders.« Er griff nach einem Ring aus Ochsenkochen. »Dieser hier gehört einem Bauern, dessen Frau ich die Teppiche abkaufte. Die Heuschrecken verwüsteten ihre Felder und sie hatten nichts mehr zu essen. Ich half ihm, und als er wieder Korn erntete, beglich er seine Schulden bei mir. Später suchte er mich erneut auf und erzählte mir etwas von seltsamen Ziegen in einem fernen Land, von denen ihm ein Reisender berichtet hatte. Sie hatten lange, feine, weiche Wollhaare, sodass man daraus kleine Teppiche weben könnte, die schöner seien als alle, die je in der reichsten Stadt gesehen worden seien. Er wollte eine Herde kaufen, besaß aber kein Geld. So lieh ich es ihm, damit er die Reise machen und die Ziegen erwerben konnte. Nun hat er die Herde hierhergebracht, und nächstes Jahr werde ich die Herren der reichsten Stadt mit den teuersten Teppichen überraschen. Bald werde ich ihm seinen Ring zurückgeben müssen. Er besteht nämlich darauf, pünktlich zu zahlen.« »Manche Entleiher tun das?«, erkundigte sich Rodan. Wenn sie Geld für ein Projekt leihen, das ihnen Geld einbringt, tun sie es. Aber wenn sie sich Geld für leichtsinnige Unternehmungen leihen, muss man vorsichtig sein, wenn man jemals wieder sein Gold zurückerhalten möchte.«

»Erzähl mir mehr darüber«, bat ihn Rodan und nahm ein schweres Goldarmband in die Hand, das mit Juwelen in fremdartigen Mustern verziert war. »Mein Freund scheint von den Frauen angetan zu sein«, neckte ihn Mathon. »Ich bin ja auch noch jünger als du«, konterte Rodan. »Das gebe ich zu, aber dieses Mal vermutest du eine Romanze, wo keine ist. Die Besitzerin dieses Schmuckstücks ist fett und runzelig, spricht viel zu viel und sagt im Grunde so wenig, dass sie mich verrückt macht. Einst besaßen sie und ihre Familie viel Geld und waren gute Kunden von mir, aber dann ging es ihnen schlecht. Sie hat einen Sohn, aus dem sie gern einen Kaufmann machen möchte. So suchte sie mich auf und lieh sich Geld bei mir, damit er der Partner eines Karawanenhändlers werden konnte, der mit seinen Kamelen von Stadt zu Stadt zieht und in der einen Stadt das verkauft, was er in einer anderen aufgekauft hat. Dieser Mann erwies sich als Betrüger, denn er ließ den armen Jungen in einer fremden Stadt ohne Geld und Freunde zurück und machte sich frühmorgens, als der Junge noch schlief, aus dem Staub. Vielleicht wird dieser Junge, wenn er erwachsen ist, seine Schulden zahlen, doch bis dahin bekomme ich keine Rendite für das Darlehen, nur viel Gerede. Aber ich muss zugeben, der Schmuck entspricht dem Wert des Darlehens.« »Hat dich diese Dame um deinen Rat gebeten, dich gefragt, ob es klug sei, dieses Darlehen aufzunehmen?« »Ganz im Gegenteil. Sie hat ihren Sohn bereits als wohlhabenden und einflussreichen Mann in der reichsten Stadt gesehen. Hätte man ihr widersprochen, wäre sie wütend geworden. Aber ich musste mich selbst tadeln, denn ich wusste, welches Risiko der unerfahrene Junge einging. Aber als sie mir ein Pfand anbot, konnte ich sie nicht abweisen.«

»Dies«, fuhr Mathon fort und schwenkte ein Stück verknotete Packschnur, »gehört Nebatur, dem Kamelhändler. Wenn er eine Herde kaufen möchte, die größer ist als sein Kapital, bringt er mir diesen Knoten, und ich leihe ihm das Geld entsprechend seinen Bedürfnissen. Er ist ein umsichtiger Händler, und so habe ich Vertrauen in sein kluges Urteil und kann ihm unbesorgt Geld geben. Auch viele andere Kaufleute in der reichsten Stadt besitzen wegen ihres ehrenhaften Verhaltens mein Vertrauen. Des Öfteren übergeben sie mir ihre Pfandsachen, und ich gebe sie ihnen wieder zurück. Gute Kaufleute steigern das Ansehen unserer Stadt, und es nutzt auch mir, ihnen zu helfen, den Handel florieren zu lassen, damit der Reichtum der reichsten Stadt gesichert ist.«

Dann nahm Mathon einen türkisfarbenen Käfer aus der Schatulle und warf ihn verächtlich auf den Boden. »Ein Käfer aus Ägypten. Der Kerl, dem er gehört, schert sich den Teufel darum, ob ich mein Gold je zurückbekomme oder nicht. Wenn ich ihm Vorwürfe mache, erwidert er: ›Wie kann ich dir das Geld zurückbezahlen, wenn mich das Unglück verfolgt? Du hast genug Geld.‹ Was soll ich tun? Das Pfand gehört seinem Vater – ein ehrenwerter Mann mit bescheidenen Mitteln, der sein Land und seine Herde verpfändete, um die Projekte seines Sohnes zu unterstützen. Der junge Mann hatte anfangs Erfolg, aber dann wollte er zu schnell reich werden. Er besaß wenig Erfahrung, und so scheiterten seine Unternehmungen. Die Jugend ist ehrgeizig und möchte auf dem Weg zum Reichtum und den erstrebenswerten Dingen, die man sich damit leisten kann, lieber die Abkürzungen nehmen. Um schnell zu Wohlstand zu gelangen, leihen sich die jungen Leute oft unsinnig Geld. Da sie keine Erfahrung haben, können sie auch nicht erkennen, dass eine hoffnungslose Verschuldung mit einer tiefen Grube vergleichbar ist, in die man schnell hinuntersteigt und sich dann viele Tage vergeblich bemüht, wieder herauszukommen. ›Konzentriere dich auf deinen Vermögensaubau und nicht auf deine nicht lebensnotwendigen Verbindlichkeiten!‹, sagen mir viele. ›Es ist eine Grube der Sorgen und des Kummers, wo die Helligkeit der Sonne überschattet und die Nacht von Schlaflosigkeit geprägt ist‹, warnten sie mich. Aber ich ließ mich nicht entmutigen, Gold zu verleihen. Ich unterstütze es sogar und empfehle es, wenn es für eine gute Sache ist. Ich selbst heimste meinen ersten Erfolg als Kaufmann mit geborgtem Gold ein. Aber was soll der Verleiher in einem solchen Fall tun? Der junge Mann ist verzweifelt und bringt nichts zustande. Er ist entmutigt und macht keine Anstrengungen, seine Schulden zurückzuzahlen. Innerlich widerstrebt es mir, seinen Vater seines Landes und seines Viehs zu berauben.«

»Du erzählst mir da viele Dinge, die mich sehr interessieren«, meinte Rodan, »aber du hast mir noch keine Antwort auf meine Frage gegeben. Soll ich meine fünfzig Goldstücke dem Gemahl meiner Schwester leihen? Die beiden bedeuten mir nämlich viel.« »Deine Schwester ist eine lautere Frau, die ich sehr schätze. Sollte ihr Gemahl mich aufsuchen, um sich fünfzig Goldstücke zu leihen, würde ich ihn fragen, was er damit anfangen will. Wenn er antworten würde, dass er, genau wie ich, Kaufmann werden und mit Juwelen und kostbaren Möbeln handeln will, würde ich sagen: ›Was verstehst du von diesem Beruf? Weißt du, wo du am günstigsten einkaufen kannst? Und wo du zu einem anständigen Preis verkaufen kannst?‹ Würde er diese Fragen mit Ja beantworten können?« »Nein, das könnte er nicht«, räumte Rodan ein. »Er ist mir oft beim Speermachen zur Hand gegangen und hat mir bei einigen Geschäften ausgeholfen.« »Dann würde ich ihm erklären, dass sein Vorhaben nicht klug ist, denn die Kaufleute müssen ihr Gewerbe erlernen. Sein Bestreben ist zwar lobenswert, aber nicht realistisch, und deshalb würde ich ihm kein Gold leihen. Aber angenommen er sagt: ›Ja, ich habe schon oft bei Kaufleuten ausgeholfen und bin schon nach Smyrna gereist, um die kleinen Teppiche, welche die Frauen weben, günstig einzukaufen, kenne auch viele der reichen Leute der reichsten Stadt, denen ich diese mit hohem Gewinn verkaufen kann‹, dann würde ich sagen: ›Deine Absicht ist klug und dein Bestreben ehrenwert. Ich leihe dir gerne die fünfzig Goldstücke, wenn du mir versichern kannst, dass du sie mir zurückbezahlst.‹ Wenn er aber sagen würde: ›Ich kann keine andere Sicherheit bieten als die, dass ich ein anständiger Mann bin und dir einen guten Ertrag für dein Darlehen zahle‹, würde ich antworten: ›Ich lege großen Wert auf meine Goldstücke. Würden es dir die Diebe auf deiner Reise nach Smyrna rauben oder deine kleinen Teppiche bei deiner Rückkehr, dann hättest du keine Möglichkeiten mehr, deine Schuld zurückzubezahlen, und mein Gold wäre verloren.‹ Wie du siehst, Rodan, das Verleihen ist einfach, aber wenn es ohne Vernunft geschieht, hat man Schwierigkeiten, sein Geld zurückzubekommen. Der kluge Verleiher will nicht das Risiko des Unternehmens auf sich laden, sondern er will die Garantie für eine ordnungsgemäße Rückzahlung erhalten.«

»Es ist richtig«, fuhr er fort, »jenen zu helfen, die in Not sind, oder jenen, denen das Schicksal übel mitspielt. Es ist auch richtig, denen zu helfen, die am Anfang stehen, damit sie Erfolg haben und wertvolle Bürger werden. Aber Hilfe muss mit Vernunft geleistet werden, sonst nehmen wir, wie der Esel des Bauern, in unserem Bestreben zu helfen die Last des anderen auf uns. – Ich bin schon wieder abgeschweift, Rodan, aber höre jetzt meine Antwort: Behalte deine fünfzig Goldstücke. Behalte das, was sie erwirtschaften, für dich; niemand kann dich zwingen, zu teilen, es sei denn, du willst es unbedingt. Wenn du es verleihen willst, damit es dir noch mehr Gold einbringt, dann tu dies mit Vorsicht und vor allem nicht nur an eine einzige Person. Ich mag kein müßiges Gold, noch weniger schätze ich es, ein zu großes Risiko einzugehen. – Wie viele Jahre hast du als Speermacher gearbeitet?« »Volle drei.« »Wie viel hast du, abgesehen von dem Gold des Königs, gespart?« »Drei Goldstücke.« »Du hast jedes Jahr von deinem Verdienst ein Goldstück gespart und auf schöne Dinge verzichtet?« »Genauso ist es.« »Dann könntest du in fünfzig Jahren fünfzig Goldstücke durch Verzicht sparen?« »Es wäre die Arbeit eines Lebens.« »Glaubst du im Ernst, es sei der Wunsch deiner Schwester, die Ersparnisse deiner fünfzigjährigen Arbeit über dem Bronzeschmelztiegel aufs Spiel zu setzen, nur damit sich ihr Gatte seinen Wunsch erfüllen kann, Kaufmann zu werden? – Ein sehr gewagtes Unterfangen!« »Nicht, wenn ich mit deinen Worten spräche.« »Dann suche sie auf und sage zu ihr: ›Drei Jahre lang habe ich, außer an den freien Tagen, jeden Tag von morgens bis abends geschuftet und auf viele Dinge verzichtet, die ich gerne gehabt hätte. Für jedes Jahr der Arbeit und des Verzichtes habe ich ein Goldstück gespart. Du bist meine geliebte Schwester, und ich will, dass dein Gemahl ein Geschäft in Angriff nimmt, bei dem er großen Gewinn macht. Wenn er mir einen Plan vorlegt, der vernünftig erscheint und den mein Freund Mathon für realisierbar hält, dann werde ich ihm gerne meine Ersparnisse eines Jahres leihen, damit er die Möglichkeit hat, zu beweisen, dass er Erfolg haben kann.‹ Mach es so, und wenn er das Zeug dazu hat, seinen Weg zu machen, kann er es beweisen. Wenn er scheitert, schuldet er dir nicht mehr, als er hoffen kann, dir eines Tages zurückzahlen zu können. Ich bin ein guter Goldverleiher, weil ich mehr Gold besitze, als ich bei meinem eigenen Geschäft benötige. Ich will, dass mein überschüssiges Gold für andere arbeitet und dadurch noch mehr Gold einbringt. Ich will aber nicht das Risiko eingehen, es zu verlieren, denn ich habe dafür gearbeitet und auf vieles verzichtet. Deshalb verleihe ich es nicht, wenn ich daran zweifle, dass es sicher angelegt ist und zurückbezahlt wird. Auch werde ich es nicht verleihen, wenn ich nicht davon überzeugt bin, dass mir die Erträge pünktlich bezahlt werden.

Ich habe dir, Rodan, einige Geheimnisse meiner Pfandschatulle verraten. An ihr kannst du die Schwäche der Männer erkennen und ihre Gier, sich Geld zu leihen, obwohl sie oft nicht zurückzahlen können. Dies soll dir zeigen, wie oft ihre Hoffnungen, das große Geld zu verdienen, wenn sie das entsprechende Gold dafür hätten, lediglich Illusionen sind, für deren Erfüllung ihnen die Fähigkeit oder die Erfahrung fehlt. Du, Rodan, bist im Besitz von Gold, das du so anlegen solltest, dass es dir noch mehr Gold einbringt. Du bist im Begriff, ein Goldverleiher zu werden wie ich. Wenn du deinen Schatz gut verwaltest, wird er dir guten Ertrag bringen und dein Leben lang eine reiche Quelle der Freude und des Gewinns darstellen. Aber wenn du es hergibst, wird es, solange du lebst, eine Quelle des Kummers und des Bedauerns sein. Was ist dein innigster Wunsch, was aus dem Gold in deinem Beutel geschehen soll?« »Ich will es vor allem in

Sicherheit wissen.« »Weise gesprochen«, erwiderte Mathon beifällig. »Dein erster Wunsch ist die Sicherheit. Glaubst du, dass es in der Obhut des Gemahls deiner Schwester wirklich vor möglichem Verlust geschützt wäre?« »Ich befürchte nein, denn er kann nicht mit Gold umgehen.« »Dann lass dich nicht von unangebrachtem Pflichtgefühl leiten, und vertraue deinen Schatz keinem anderen an. Wenn du deiner Familie oder deinen Freunden helfen möchtest, dann finde andere Möglichkeiten als die, den Verlust deines Vermögens zu riskieren. Vergiss nicht, dass das Gold demjenigen, der keine Erfahrung damit hat, ganz unverhofft wieder aus den Händen gleitet. Genauso wenig wie du dein Gold für Extravaganzen ausgibst, genauso wenig vertraue es jemand anderem an, der es für dich aufs Spiel setzt. Was soll neben der Sicherheit sonst noch mit deinem Gold geschehen?« »Ich hätte gern, dass es sich vermehrt.« »Erneut sprichst du weise. Es sollte Gewinn bringen. Gold, das mit Bedacht verliehen wird, kann sich mit dem daraus resultierenden Ertrag sogar verdoppeln, bevor ein junger Mann wie du in die Jahre kommt. Wenn du seinen Verlust aufs Spiel setzt, riskierst du dabei natürlich auch die Rendite. Lass dich deshalb nicht von den fantastisch erscheinenden Plänen unerfahrener Männer einspannen, die glauben, Möglichkeiten entdeckt zu haben, mit deinem Gold ungewöhnlich hohe Gewinne zu erzielen. Solche Pläne erwachsen der Fantasie von Träumern, die keine Ahnung haben von den sicheren, verlässlichen Gesetzen des Handels. Sei in deinen Gewinnerwartungen eher konservativ, damit du dein Vermögen behältst und dich daran erfreuen kannst. Wenn du es auf die Zusicherung hin verleihst, dass es Wuchererrenditen einbringen wird, musst du dich auf einen Verlust gefasst machen. Du bist der Durchschnitt der fünf Personen, die dich umkreisen. Versuche, dich mit Männern zusammenzutun, die sich als erfolgreich erwiesen haben, damit dein Vermögen dank ihrer Weisheit und ihrer Erfahrung gesichert ist. Geh negativen Menschen aus dem Weg.«

Als Rodan dem Goldverleiher für seine weisen Ratschläge danken wollte, wehrte dieser ab und sagte: »Das Geschenk des Königs wird dich mehr Weisheit lehren. Wenn du deine fünfzig Goldstücke behalten möchtest, musst du besonnen sein, denn es wird viele Verlockungen geben, die dich in Versuchung bringen werden. Du wirst viele Ratschläge erhalten, viele Angebote unterbreitet bekommen, wie du damit großen Gewinn machen kannst. Die Geschichten, die sich um meine Pfandschatulle ranken, sollten dir als Warnung dienen. Bevor du deine Goldstücke ausgibst, solltest du überzeugt sein, dass du sie wieder zurückbekommst. Solltest du meinen Rat benötigen, kannst du mich jederzeit aufsuchen, denn ich erteile ihn dir von Herzen gern. Bevor du gehst, solltest du lesen, was ich unter den Deckel meiner Pfandschatulle habe eingravieren lassen. Es gilt sowohl für den Verleiher als auch für den Entleiher:

Vorsicht ist die Mutter der Porzellankiste!

»Dem Geist sind keine Grenzen gesetzt, das Gleiche gilt für Reichtum.«

Die Mauern

Der alte Banzar, ein ehemals grimmiger Krieger, stand Wache am Durchgangsweg, der hinauf zu den alten Mauern der reichsten Stadt führte. Da oben verteidigten tapfere Krieger, von denen das Fortbestehen dieser großen Stadt mit Hunderttausenden von Bürgern abhing, die Mauern. Über den Mauern erschollen das Gebrüll der angreifenden Armeen, die Schreie viele Männer, der schwere Hufschlag Tausender von Pferden, das betäubende Dröhnen der Sturmböcke gegen die Bronze Tore. In der Straße hinter dem Tor lauerten die Speerwerfer, die bereit waren, den Eingang zu verteidigen, falls die Tore nachgeben sollten. Es waren jedoch nur sehr wenige. Die Hauptarmeen der reichsten Stadt befanden sich mit ihrem König weit im Osten auf dem großen Feldzug gegen die anderen. Da sie während ihrer Abwesenheit mit keinem Angriff auf die Stadt gerechnet hatten, waren die Verteidigungskräfte sehr schwach. Unerwartet waren vom Norden die starken Heere des Gegners eingefallen. Wenn die Stadtmauern nicht hielten, war die reichste Stadt verloren. Um Banzar herum drängten sich Trauben von Bürgern, aschfahl und verängstigt, die unbedingt wissen wollten, wie die Schlacht verlief. Schweigend betrachteten sie den Strom der Verwundeten und Toten, die an ihnen vorbeigetragen wurden. Hier war der Hauptangriffspunkt. Nachdem der Feind drei Tage lang die Stadt eingekreist hatte, sammelte er sich nun plötzlich vor diesem Tor. Die Verteidiger auf den Stadtmauern wehrten die Sturmleitern mit Pfeilen und heißem Öl ab und bekämpften die Angreifer mit Speeren. Von den feindlichen Bogenschützen wurden sie mit einem tödlichen Hagel von Pfeilen überschüttet. Der alte Banzar hatte einen günstigen Posten inne, von dem aus er den Verlauf des Kampfes aus nächster Nähe verfolgen konnte und als Erster erfuhr, wenn die wilden Angreifer abgewehrt wurden. Ein älterer Kaufmann hatte sich neben ihn gestellt, seine Hände zitterten. »Sag mir, was los ist!«, flehte er. »Sie dürfen nicht in die Stadt eindringen! Meine Söhne sind mit dem guten König gezogen. Es gibt niemanden, der mein altes Weib beschützen kann. O Gott, sie werden alles plündern, werden nichts von meinen Nahrungsvorräten übrig lassen. Wir sind zu alt, um uns zu verteidigen, und auch zu alt, dass man uns zu Sklaven macht. Wir werden verhungern, werden sterben. Sag mir, dass sie nicht eindringen können.« »Beruhige dich, guter Mann«, erwiderte Banzar. »Die Mauern der reichsten Stadt sind stark. Kehr zu deinem Basar zurück und sag deiner Gattin, dass die Mauern euch und euren Besitz genauso sicher schützen werden wie die Schätze des Königs. Halte dich dicht an die Mauern, damit die Pfeile über dich hinwegfliegen!« Als sich der alte Mann auf den Weg machte, nahm eine Frau mit einem Baby im Arm seinen Platz ein. »Soldat, gibt es etwas Neues von den Zinnen? Sag mir die Wahrheit, damit ich meinen armen Mann beruhigen kann. Er liegt mit Fieber darnieder, eine Folge seiner schrecklichen Verwundung, aber er besteht darauf, seine Rüstung und sieben Speere zu behalten, um mich und mein ungeborenes Kind zu beschützen. Er sagt, die Rache unserer Feinde würde fürchterlich sein, wenn es ihnen gelänge, in unsere Stadt einzudringen.« »Sei guten Mutes, gute Mutter, die Mauern der reichsten Stadt werden dich und deine Babys beschützen, sie sind hoch und stark. Hörst du nicht die Schreie unserer tapferen Verteidiger, welche die Kessel heißen Öls über den Köpfen der Feinde ausgießen?« »Ja, ich höre sie, aber auch das Dröhnen der Sturmböcke, die gegen unsere Tore hämmern.« »Kehr zu deinem Mann zurück und erzähle ihm, dass die Tore sicher sind und die Sturmböcke widerstehen; sag ihm auch, dass die Feinde die Sturmleitern hochklettern, aber von unseren Speeren durchbohrt werden. Eile nach Hause, gute Frau.« Banzar trat zur Seite, um den Weg für stark bewaffnete Verstärkung frei zu machen. Als die Männer mit ihren klirrenden Bronzeschilden und schweren Tritten vorbeizogen, zupfte ihn ein kleines Mädchen am Gürtel. »Sag, Soldat, sind wir sicher?«, fragte es ihn flehentlich. »Oh, ich höre die schrecklichen Geräusche, sehe die blutenden Männer. Ich habe so große Angst. Was wird aus unserer Familie, aus meiner Mutter, aus meinem kleinen Bruder und dem Baby werden?« Der alte Kämpfer blinzelte und schob energisch das Kinn vor, als er die Hand auf den Kopf des kleinen Kindes legte. »Hab keine Angst, Kleine«, beruhigte er sie. »Die Mauern der reichsten Stadt werden dich, deine Mutter, deinen kleinen Bruder und das Baby beschützen. Die gute Königin Semiramis hat diese Mauern vor hundert Jahren zum Schutz von Menschen wie euch erbauen lassen. Noch nie sind sie bezwungen worden. Geh nach Hause und berichte deiner Mutter, deinem kleinen Bruder und dem Baby, dass die Mauern der reichsten Stadt sie beschützen werden und sie keine Angst zu haben brauchen.«

Tag für Tag stand der alte Banzar auf seinem Posten und beobachtete, wie die Verstärkungen den Weg zu den Mauern hochmarschierten, dort kämpften, bis sie verwundet oder tot wieder an ihm vorbeikamen. Um ihn herum scharten sich die verängstigten Bürger, die wissen wollten, ob die Mauern dem Ansturm standhalten konnten. Allen antwortete er mit der Würde eines alten Soldaten: »Die Mauern der reichsten Stadt werden euch beschützen.« Der Angriff tobte drei Wochen und fünf Tage lang mit ungebrochener Heftigkeit. Banzars Miene wurde immer grimmiger und härter, als sich der Weg, der vom Blut der vielen Verwundeten getränkt war, durch die ungezählten Schritte der Männer, die kampfentschlossen zu den Mauern hochzogen und ermattet wieder zurückkehrten, in Morast verwandelte. Jeden Tag stapelten sich die Leichen der geschlagenen Angreifer vor den Stadtmauern. Jede Nacht wurden sie von Kameraden abgeholt, um begraben zu werden. In der fünften Nacht der vierten Woche verstummte plötzlich der Lärm. Die feindlichen Armeen waren beim ersten Morgengrauen abgezogen. Die Verteidiger stießen einen lauten, unmissverständlichen Schrei aus.

Er erklang wie ein Echo, als die wartenden Truppen hinter den Mauern und die Bürger ihn johlend und jauchzend wiederholten, sodass die Stadt wie von einem Sturmwind erfasst wurde. Die Menschen eilten aus den Häusern. Die beklemmende Angst vieler Wochen entlud sich in einem wilden Freudengeheul. Vom hohen Turm des Tempels von Bel loderte die Flamme des Sieges. Die blaue Rauchfahne erhob sich himmelwärts, um die Botschaft in alle Winde zu verbreiten. Die Mauern der reichsten Stadt hatten wieder einmal einen mächtigen, hinterhältigen Feind abgewehrt, der entschlossen gewesen war, die reichen Schätze zu plündern und die Bürger zu schänden und zu versklaven.

Die reichste Stadt überdauerte die Jahrhunderte, weil es voll und ganz Geschütz war. Etwas anderes konnte es sich auch nicht gar nicht leisten.

Die Mauern der reichsten Stadt illustrierten hervorragend das Bedürfnis und den Wunsch des Menschen nach Sicherheit. Dieser Wunsch ist ein Urbedürfnis des Menschen, das heute im digitalen Zeitalter immer noch genauso so stark ist wie früher, aber wir haben ausgefeilte und bessere Pläne entwickelt, um diese Sicherheit zu gewährleisten. Heute können wir uns mit finanzieller Bildung und mit sicheren Sach- oder Wertanlage gegen unerwartete Tragödien schützen, die jeden treffen können.

Wir können es uns schlichtweg nicht leisten, schutzlos ohne angemessene Absicherung zu leben.

Der Händler

Je hungriger man ist, desto schärfer arbeitet der Verstand und desto empfänglicher wird man auch für köstliche Essensgerüche.

Tarkad, der Sohn von Azure, war zweifellos dieser Meinung. Zwei Tage lang hatte er außer zwei kleinen Feigen, die er sich in einem fremden Garten ausgeliehen hatte, nichts mehr zu sich genommen. Er wollte sich gerade eine weitere Feige holen, als die zornige Hausfrau herausstürzte und ihn die Straße hinunterjagte. Als er über den Marktplatz ging, hatte er immer noch ihr schrilles Gekeife im Ohr. Das hielt ihn davon ab, sich hie und da eine verlockende Frucht aus dem Korb der Marktfrauen zu stibitzen. Nie zuvor war ihm so bewusst geworden, wie viel Nahrungsmittel auf den Markt der reichsten Stadt gebracht wurden und welch verlockende Düfte sie verbreiteten. Dann ließ er den Marktplatz hinter sich, steuerte eine Schänke an und ging davor auf und ab. Vielleicht würde er hier einen Bekannten treffen, von dem er sich eine Kupfermünze leihen könnte, die dem unfreundlichen Wirt ein Lächeln entlocken und ihm zu einer Mahlzeit verhelfen würde. Ohne eine solche Münze würde er mehr als unwillkommen sein.

Da er so in Gedanken versunken war, bemerkte er nicht, dass er plötzlich dem Mann gegenüberstand, dem er am wenigsten begegnen wollte – der hohen, knochigen Gestalt von Da Basir, dem Kamelhändler. Von allen Freunden und Bekannten, die ihm kleine Beträge geliehen hatten, fühlte er sich gegenüber Da Basir am unbehaglichsten, da er sein Versprechen, ihm den Betrag unverzüglich zurückzuzahlen, nicht hatte halten können. Da Basirs Gesicht erhellte sich bei seinem Anblick. »Ha! Da ist ja Tarkad, genau der Mann, den ich suche, damit er mir die zwei Kupfermünzen zurückzahlt, die ich ihm vor einem Monat geliehen habe, sowie die Silbermünzen, die ich ihm davor gegeben hatte. Ich treffe dich genau im richtigen Augenblick, denn gerade heute kann ich die Münzen gebrauchen. Nun, wie sieht's aus, Junge?« Tarkad brummelte etwas vor sich hin und wurde puterrot. Da er nichts im Magen hatte, fühlte er sich dem freimütigen Da Basir nicht gewachsen. »Es tut mir unendlich leid«, murmelte er leise, »aber ich habe weder die Kupfermünzen noch die Silbermünzen bei mir, die ich dir schulde.« »Dann hol sie«, drängte ihn Da Basir. »Du wirst doch wohl ein paar Kupfermünzen und ein silberstuck auftreiben können, um die Großzügigkeit eines alten Freundes deines Vaters zu belohnen, der dir geholfen hat, als du in Not warst.« »Da ich vom Pech verfolgt bin, kann ich nicht zahlen.« »Pech! Willst du etwa den anderen die Schuld geben für deine eigene Schwäche? Das Pech verfolgt jeden Mann, der seine Gedanken darauf konzentriert, wie er sich Geld leihen kann, anstatt darauf, wie er seine Schulden zurückbezahlen kann. Begleite mich, Junge, damit ich einen Bissen zu mir nehmen kann, und ich werde dir eine Geschichte erzählen.«

Falls dein Bewusstsein nicht mit deinem Unterbewusstsein harmoniert, dann empfehle ich dir, den Film The Secret anzuschauen, damit auch du das Gesetz der Anziehung verstehst und ein erfülltes und erfolgreiches Leben führen kannst. Wie Albert Einstein schon sagte: Energie = Materie.

Tarkad zuckte unter der brutalen Offenheit Da Basirs zusammen, aber zumindest bot sich ihm jetzt eine Möglichkeit, in die Schänke zu gelangen. Da Basir bugsierte ihn in eine entfernte Ecke, wo sie auf kleinen Teppichen Platz nahmen. Als Klauskor, der Inhaber, sich lächelnd an Da Basir wandte, sagte dieser in seiner ungenierten Art zu ihm: »Du fette Wüstenechse, bring mir eine Hammelkeule, schön braun gebraten mit viel Soße, und Brot und viel Gemüse, denn ich bin hungrig und möchte ein kräftiges Mahl. Vergiss auch nicht meinen Freund hier, und bring ihm einen Krug gekühlten Wassers, denn es ist heute sehr heiß.« Tarkad verließ der Mut. Musste er hier sitzen und Wasser trinken und zusehen, wie der Mann eine ganze Hammelkeule verschlang? Er schwieg jedoch, denn es fiel ihm nichts ein, was er hätte sagen können. Aber für Da Basir war Schweigen ein Fremdwort. Er lächelte den anderen Gästen, die er alle kannte, fröhlich zu und fuhr fort: »Ein Reisender, der gerade ans Ufer zurückgekehrt ist, erzählte mir von einem reichen Mann, der ein Stück Stein so dünn schneiden ließ, dass man hindurchsehen konnte. Er installiert ihn als Schutz gegen den Regen an das Fenster seines Hauses. Der Reisende berichtete, dass er gelb war. Er konnte hindurchsehen, und die Außenwelt sah dadurch seltsam und unwirklich aus. Was sagst du dazu, Tarkad? Glaubst du, die Welt könnte einem Mann anders erscheinen, als sie ist?« »Das würde ich durchaus sagen«, antwortete der junge Mann, dessen Interesse mehr von der knusprigen Hammelkeule gefesselt war, die Da Basir gerade serviert wurde. »Nun, ich weiß, das stimmt, denn ich selbst habe die Welt in einer Farbe gesehen, die nicht der Wirklichkeit entspricht, und die Geschichte, die ich dir erzählen will, wird zeigen, wie ich sie wieder im richtigen Licht gesehen habe.«

»Da Basir erzählt eine Geschichte«, flüsterte ein Gast einem anderen zu und rückte seinen Teppich näher. Auch andere Gäste nahmen ihr Essen und bildeten einen Halbkreis um Da Basir. Alle labten sich an ihren Speisen, nur Tarkad nicht. Da Basir bot ihm nicht an, sein Essen mit ihm zu teilen, er gönnte ihm nicht einmal eine Kante des harten Brotes, das heruntergefallen war.

»Die Geschichte, die ich erzählen will«, begann Da Basir und hielt kurz inne, um ein saftiges Stück von der Keule abzubeißen, »handelt in meiner Jugend, der Zeit, als ich Kameltreiber wurde. Wusstet ihr, dass ich früher ein Sklave war?« Die Zuhörer murmelten überrascht, was Da Basir mit Genugtuung zur Kenntnis nahm. »Als ich ein junger Mann war«, fuhr Da Basir fort, nachdem er sich erneut an dem Fleisch gütlich getan hatte, »erlernte ich den Beruf meines Vaters, Sattelmacher. Ich arbeitete mit ihm zusammen und nahm mir eine Frau. Da ich noch jung und unerfahren war, verdiente ich nur wenig. Es reichte gerade, um meine wunderbare Gattin bescheiden zu unterhalten. Ich sehnte mich nach schönen Dingen, die ich mir nicht leisten konnte. Bald fand ich heraus, dass die Ladenbesitzer Vertrauen in mich hatten, dass ich später bezahlen würde, obwohl ich damals kein Geld hatte. Da ich noch jung und unerfahren war, wusste ich nicht, dass derjenige, der mehr ausgibt, als er verdient, den Wind unsinniger Genusssucht sät und später Stürme aus Ärger und Demütigung erntet. [Verschwende deine Jugend nicht damit, dir Verbindlichkeiten zu kaufen, die du nicht zum Überleben brauchst, sondern fange so früh wie möglich damit an, deine Vermögenswerte aufzubauen.] So gab ich meiner Leidenschaft für schöne Kleidung nach und kaufte Luxusgüter für meine liebe Frau und unser Haus, die weit über unsere Möglichkeiten hinausgingen. Ich zahlte, so gut ich konnte, und eine Weile ging alles gut. Aber nach einiger Zeit stellte ich fest, dass mein Verdienst nicht ausreichte, um für meinen Lebensunterhalt aufzukommen und auch noch die Schulden zu tilgen. Gläubiger bedrängte mich, damit ich meine extravaganten Käufe bezahlte, und so ging es allmählich bergab mit mir. Ich lieh mir Geld bei Freunden, konnte aber meine Schulden bei ihnen ebenso wenig begleichen. Mein Leben verschlechterte sich immer mehr. Meine Gattin kehrte zu ihrem Vater zurück, und ich beschloss, die reichste Stadt zu verlassen und mir eine andere Stadt zu suchen, in der ein junger Mann bessere Chancen hätte. Jahrelang führte ich ein rast- und erfolgloses Leben, arbeitete für Karawanenhändler. Dann schloss ich mich einer Gruppe von Dieben an, welche die Wüste nach unbewaffneten Karawanen durchstreiften. Dies war des Sohnes meines Vaters unwürdig, aber ich sah die Welt durch einen bunten Stein und erkannte nicht, wie tief ich gefallen war.

Unser erster Beutezug erwies sich als erfolgreich. Wir ergatterten Gold und Seide und kostbare Güter, brachten alles nach Ginir und verprassten es. Beim zweiten Mal hatten wir nicht so viel Glück. Kurz nachdem wir unsere Beute gemacht hatten, wurden wir von den Speerwerfern eines einheimischen Häuptlings angegriffen, dem die Karawanen Schutzgeld zahlten. Unsere beiden Anführer wurden getötet und uns brachte man in die nächste Stadt, wo wir bis auf einen Lendenschutz ausgezogen und als Sklaven verkauft wurden. Ich wurde für zwei Silberstücke von einem Wüstenscheich erworben.

Mit meinem geschorenen Kopf und dem Lendenschurz unterschied ich mich kaum von den anderen Sklaven. Da ich ein leichtfertiger junger Mann war, hielt ich dies lediglich für ein Abenteuer, bis mein Herr mich zu seinen vier Frauen brachte und ihnen erklärte, sie konnten mich als Eunuchen haben. Erst jetzt erkannte ich die Hoffnungslosigkeit meiner Lage. Diese Männer der Wüste waren hitzig und kriegerisch. Ohne Waffen oder Fluchtmöglichkeit war ich ihnen hilflos ausgeliefert.

Angsterfüllt stand ich vor den vier Frauen, die mich aufmerksam musterten. Ich überlegte, ob ich Mitleid von ihnen erwarten könnte. Sira, die Hauptfrau, war älter als die anderen. Als sie mich anblickte, war ihre Miene unbeweglich, was mir keinen Trost spendete. Die Zweite war eine hochmütige Schönheit, die mich so gleichgültig musterte, als wäre ich ein Wurm. Die beiden Jüngeren kicherten, als wäre dies alles ein amüsanter Scherz. Es kam mir wie eine Ewigkeit vor, als ich so dastand und auf mein Urteil wartete. Schließlich ergriff Sira das Wort, deutete auf mich und sagte mit kalter Stimme: ›Wir haben genug Eunuchen, aber nur wenige Kameltreiber, und die taugen alle nichts. Erst heute wollte ich meine Mutter besuchen, die an Fieber erkrankt ist, aber es gibt keinen Sklaven, dem ich zutrauen würde, mein Kamel zu führen. Frag diesen Sklaven, ob er mit einem Kamel umgehen kann.‹ Daraufhin fragte mich mein Herr: ›Was weißt du über Kamele?‹ Ich bemühte mich, meinen Eifer zu bezähmen, und erwiderte: ›Ich kann sie dazu bringen, in die Knie zu gehen, kann sie beladen und auf langen Strecken führen, ohne dass sie müde werden. Wenn erforderlich, kann ich auch ihr Geschirr reparieren.‹ ›Der Sklave hat eine vorlaute Zunge‹, bemerkte mein Herr. ›Wenn du willst, Sira, dann nimm diesen Mann als Kameltreiber.‹

So wurde ich Sira übergeben, und am gleichen Tag brachen wir mit ihrem Kamel zu der Reise zu ihrer kranken Mutter auf. Ich bedankte mich bei dieser Gelegenheit für ihr Eingreifen, erzählte ihr, dass ich kein geborener Sklave sei, sondern der Sohn eines freien Mannes, eines ehrenwerten Sattelmachers aus der reichsten Stadt, und berichtete ihr noch vieles mehr aus meinem Leben. Ihre Bemerkungen waren verwirrend für mich, und ich grübelte viel darüber nach. ›Wie kannst du sagen, du seist ein freier Mann, wenn dich deine Schwäche so weit gebracht hat? Wenn ein Mann die Seele eines Sklaven in sich trägt, wird er unweigerlich ein Sklave werden, ungeachtet seiner Verhältnisse. Besitzt ein Mann aber die Seele eines freien Mannes, wird er trotz seines Pechs in seiner eigenen Stadt ein geachteter und geehrter Mann sein.‹

Über ein Jahr lang lebte ich unter den Sklaven, konnte aber nicht so werden wie sie. Eines Tages fragte mich Sira: ›Warum bleibst du abends allein im Zelt, wenn die anderen Sklaven zusammensitzen und sich amüsieren?‹ Ich antwortete darauf: ›Ich denke über das nach, was du mir gesagt hast, und überlege, ob ich die Seele eines Sklaven habe. Ich kann mich ihnen nicht anschließen, also muss ich für mich sein.‹ ›Ich muss auch für mich allein sein‹, gestand sie mir. ›Mein Herr heiratete mich wegen meiner staatlichen Mitgift, aber er begehrt mich nicht. Dabei sehnt sich jede Frau danach, begehrt zu werden. Deshalb und weil ich unfruchtbar bin, weder Sohn noch Tochter habe, muss ich abseits sitzen. Wäre ich ein Mann, würde ich lieber sterben, als ein Sklave zu sein, aber die Vorschriften unseres Stammes machen die Frauen zu Sklaven.‹ ›Was hältst du jetzt von mir?‹, fragte ich sie plötzlich. ›Habe ich die Seele eines freien Mannes oder die eines Sklaven?‹ ›Bist du bereit, die Schulden, die du in der reichsten Stadt hast, ordnungsgemäß zurückzuzahlen?‹, fragte sie zurück. ›Ja, das bin ich, aber ich sehe keine Möglichkeit dazu.‹ ›Wenn du einfach die Jahre verstreichen lässt und keine Anstrengungen unternimmst, deine Schulden zu tilgen, dann besitzt du nur die verachtenswerte Seele eines Sklaven. Genauso verhält sich ein Mann, der keine Selbstachtung besitzt, und kein Mann kann dies erlangen, wenn er seine Schulden nicht zurückbezahlt.‹ ›Aber was kann ich denn als Sklave hier ausrichten?‹ ›Wenn du als Sklave hier bleibst, bist du ein Schwächling.‹ ›Ich bin kein Schwächling‹, widersprach ich ihr. ›Dann beweise es.‹ ›Wie?‹ ›Bekämpft nicht der große König seine Feinde auf jede erdenkliche Weise und mit jeder zur Verfügung stehenden Streitkraft? Deine Schulden sind deine Feinde. Sie haben dich aus der reichsten Stadt vertrieben. Du hast sie allein gelassen, und sie wurden zu stark für dich. Hättest du sie wie ein Mann bekämpft, hättest du sie besiegen können und wärst ein angesehener Mann geworden. Aber du hattest nicht den Mumm, gegen sie anzutreten, und bist immer tiefer gesunken, bis du als Sklave hier gelandet bist.‹

Ich dachte viel über ihre wenig schmeichelnde Worte nach und überlegte, was ich zu meiner Verteidigung vorbringen konnte, um zu beweisen, dass ich in meinem Herzen kein Sklave war, aber ich hatte nicht die Chance dazu. Drei Tage später brachte mich Siras Zofe zu ihrer Herrin. ›Meine Mutter ist wieder schwer erkrankt‹, sagte sie. ›Sattle die beiden besten Kamele aus der Herde meines Gemahls. Kümmere dich um die Satteltaschen und Wasserschläuche, denn es wird wieder eine lange Reise werden. Die Zofe wird dir aus dem Küchenzelt genug Essensvorräte besorgen.‹ Ich tat wie geheißen, wunderte mich aber über die große Menge an Proviant, denn die Mutter lebte nur eine Tagesreise entfernt. Die Zofe ritt hinter dem Kamel ihrer Herrin, das ich führte. Als wir beim Haus ihrer Mutter angelangt waren, ging der Tag zur Neige. Sira entließ ihre Zofe und sagte zu mir: ›Da Basir, hast du die Seele eines freien Mannes oder eines Sklaven?‹ ›Die Seele eines freien Mannes‹, behauptete ich mit Nachdruck. ›Nun hast du die Gelegenheit, dies zu beweisen. Dein Herr hat tief in den Becher geschaut, und seine Anführer sind angetrunken. Nimm die Kamele und fliehe! Hier in diesem Beutel sind Gewänder deines Herrn, damit du dich verkleiden kannst. Ich werde sagen, du habest die Kamele gestohlen und seist davongelaufen, während ich meine kranke Mutter besucht habe.‹ ›Du hast die Seele einer Königin‹, sagte ich zu ihr, ›wie sehr wünschte ich mir, ich könnte dich glücklich machen.‹ ›Das Glück‹, erwiderte sie, ›winkt nicht der Ehefrau, die wegrennt und es in fremden Ländern unter fremden Menschen sucht. Mach deinen eigenen Weg, und mögen die Götter der Wüste dich beschützen, denn der Weg ist weit, und es wird dir an Wasser und Nahrung mangeln.‹ Es bedurfte keiner weiteren Aufforderung. Ich dankte ihr herzlich, verabschiedete mich von ihr und tauchte in der Nacht unter.

Ich kannte das Land nicht und hatte nur eine verschwommene Vorstellung, in welcher Richtung die reichste Stadt lag, kämpfte mich aber durch die Wüste, in Richtung der Hügel. Auf dem einen Kamel ritt ich, das andere führte ich am Zügel. Da ich wusste, welch schreckliches Schicksal einem Sklaven droht, der das Eigentum seines Herrn gestohlen hatte und geflohen war, ritt ich die Nacht und den nächsten Tag durch. Am späten Nachmittag gelangte ich in raues Land, das so unbewohnbar war wie die Wüste. Die spitzen Felsen verletzten die Füße meiner treuen Kamele, sodass sie nur noch langsam und unter Schmerzen vorankamen. Weit und breit gab es weder Menschen noch Tiere, und ich konnte gut verstehen, weshalb sie dieses unwirtliche Land mieden. Eine Reise, wie ich sie in der Folge erlebte, überstehen nur wenige Männer. Tag für Tag zogen wir unseres Weges. Es gab weder Nahrung noch Wasser, und die Sonne brannte erbarmungslos auf und nieder. Am Ende des neunten Tages fiel ich vom Kamel, fühlte mich so schwach, dass ich dachte, ich würde in diesem verlassenen Land sterben müssen. Ich streckte mich auf dem Boden aus und schlief ein, wachte erst in der Morgendämmerung wieder auf. Ich richtete mich auf und blickte um mich. Die Morgenluft wirkte kühl. Meine Kamele lagen nicht weit entfernt erschöpft auf der Erde. Über mir ein weites, unebenes Gelände voller Felsgestein, Sand und Dornengestrüpp. Weit und breit kein Wasser oder irgendwelche essbaren Pflanzen oder Früchte. Würde ich in dieser friedlichen Stille mein Leben aushauchen? Mein Kopf war klarer denn je, mein Körper schien im Augenblick nur eine untergeordnete Rolle zu spielen. Meine ausgetrockneten, blutigen Lippen, meine geschwollene Zunge, mein leerer Magen, all das war nicht mehr so wichtig wie noch am Tag zuvor. [Ein leerer Magen, ein gebrochenes Herz und eine leere Geldbörse sind eine lehrreiche Lektion im Leben!] Ich blickte in die wenig einladende Ferne und stellte mir erneut eine Frage: ›Habe ich die Seele eines Sklaven oder die eines freien Mannes?‹ [Welche Seele hast du, als Leser/-in dieses Buches?] Dann erkannte ich ganz deutlich, dass ich, wenn ich die Seele eins Sklaven hätte, aufgeben, mich in der Wüste ausstrecken und sterben würde – ein angemessenes Ende für einen entlaufenen Sklaven. Vergiss nicht: Entweder du bist Herrscher oder Sklave deines eigenen Lebens! Aber was würde geschehen, wenn ich die Seele eines freien Mannes hatte? Dann würde ich wohl darum kämpfen, den Weg bis in die reichste Stadt zu schaffen; den Menschen, die mir vertraut hatten, die Schulden zurückzuzahlen; meine Frau, die mich aufrichtig liebte, glücklich zu machen; und meinen Eltern Frieden und Zufriedenheit zu bringen. ›Deine Schulden sind deine Feinde, die dich vertrieben haben‹, hatte Sira gesagt. Ja, so war es. Warum hatte ich nicht gekämpft wie ein Mann? Warum hatte ich zugelassen, dass meine Frau zu ihrem Vater zurückkehrte?

Dann geschah etwas Seltsames. Plötzlich schien die Welt in eine andere Farbe getaucht, als ob ich sie zuvor durch einen bunten Stein betrachtet hätte, der plötzlich entfernt worden war. Endlich entdeckte ich die wahren Werte des Lebens. Ich würde nicht in der Wüste sterben! Mit meinem neuen Blickwinkel wusste ich plötzlich, was ich tun musste. Zuerst würde ich in die reichste Stadt zurückkehren und allen Männern gegenübertreten, bei denen ich noch unbeglichene Schulden hatte. Ich würde ihnen sagen, dass ich nach Jahren des Herumziehens und des Pechs zurückgekehrt sei, um meine Schulden so schnell wie möglich zu tilgen. Dann würde ich für meine Frau und mich ein Heim schaffen und ein Bürger werden, auf den meine Eltern stolz sein würden. Meine Schulden waren meine Feinde, aber die Männer, bei denen ich sie hatte, waren meine Freunde, denn sie hatten mir vertraut und an mich geglaubt.

Mühsam rappelte ich mich hoch. Was für eine Rolle spielte es schon, dass ich Hunger und Durst hatte? Das waren lediglich Meilensteine auf dem Weg in die reichste Stadt. In mir erhob sich die Seele eines freien Mannes, der in die Heimat zurückkehrte, um seine Feinde zu besiegen und seine Freunde zu belohnen. Ich war sehr erregt ob meines Entschlusses. Die gläsernen Blicke meiner Kamele leuchteten auf, als sie den neuen Ton in meiner heiseren Stimme vernahmen. Nach vielen Versuchen gelang es ihnen, wieder fest auf den Beinen zu stehen. Mit bewundernswerter Ausdauer gingen sie weiter in Richtung Norden, denn eine innere Stimme sagte mir, das sei der richtige Weg. Wir fanden Wasser, denn wir gelangten schließlich in eine fruchtbarere Gegend, in der es Grasflächen und Früchte gab. Wir fanden den Weg in die reichste Stadt, denn die Seele eines freien Mannes betrachtet das Leben als eine Kette von Ereignisse , die mit Bravour gemeistert werden wollen, und verhält sich klug und Weise, während die Seele eines Sklaven winselt: Was soll ich nun tun? Und Probleme lieber aus dem Weg gehen. Und wie steht es mit dir, Tarkad? Ist es nicht so, dass dein leerer Magen dich völlig klar denken lässt? Bist du bereit, den Weg zu gehen, der zu Selbstachtung führt? Kannst du die Welt in ihrer richtigen Farbe sehen? Hast du den Wunsch, deine Schulden redlich zu tilgen, auch wenn sie noch so groß sind, und somit wieder ein geachteter Bürger zu werden?«

Die Augen des jungen Mannes füllten sich mit Tränen. Er richtete sich auf und sagte: »Du hast mir den Weg aufgezeigt; ich spüre bereits die Seele eines freien Mannes in mir.«

»Aber wie bist du dann nach deiner Rückkehr vorgegangen?«, fragte ein interessierter Zuhörer. »Wo ein Wille ist, da ist auch ein Weg«, erwiderte Da Basir. »Ich war jetzt eisern entschlossen, also machte ich mich auf den Weg, um mein Vorhaben durchzuführen. Als Erstes suchte ich alle Männer auf, bei denen ich Schulden hatte, und bat sie um etwas Geduld, bis ich die Schulden von meinem Verdienst würde begleichen können. Die meisten waren sehr freundlich zu mir, aber einige schmähten mich, andere wiederum boten mir ihre Hilfe an. Und einer gab mir genau die Hilfestellung, die ich brauchte. Es war Mathon, der Goldverleiher. Nachdem er erfahren hatte, dass ich als Kamelhändler gearbeitet hatte, schickte er mich zum alten Nebatur, dem Kamelhändler, der gerade von unserem guten König damit beauftragt worden war, für den Feldzug große Herden gesunder Kamele zusammenzutreiben. Bei ihm konnte ich meine Kenntnisse über Kamele gut anwenden. Mit der Zeit war ich in der Lage, jede Kupfermünze und jedes Silberstück zurückzuzahlen. Dann endlich konnte ich wieder hoch erhobenen Hauptes durch die Straßen gehen, denn ich fühlte mich als Ehrenmann.«

Da Basir wandte seine Aufmerksamkeit wieder seinem Mahl zu. »Klauskor, du Schnecke«, rief er so laut, dass man ihn in der Küche hören konnte, »das Essen ist kalt! Bring mir noch etwas frisches Fleisch vom Rost. Bring auch eine große Portion für Tarkad, den Sohn meines alten Freundes, der hungrig ist und mir beim Essen Gesellschaft leisten soll.«

So endet die Geschichte von Da Basir, dem Kamelhändler aus der reichsten Stadt. Er fand seine eigene Seele, als er eine große Wahrheit erkannte, die weise Menschen schon lange vor seiner Zeit kannten und umsetzten. Diese Weisheit hat schon immer Männer jeglichen Alters aus Schwierigkeiten herausgeholfen und zum Erfolg geführt. Alle Männer, welche die Zauberkraft dieser Weisheit begreifen, werden ebenfalls von ihr geleitet werden. Sie ist für alle von Nutzen, die diese Zeile lesen:

Wo ein Wille ist, da ist auch ein Weg.

»In der Ausdauer liegt der Erfolg.«

Die wertvollen Tontafeln

Tafel Nr. 1

Ich, Da Basir, erst vor Kurzem der Sklaverei entronnen und entschlossen, ein wohlhabender und angesehener Bürger meiner Geburtsstadt zu werden und meine vielen Schulden zu begleichen, werde, wenn der Mond wieder voll wird, auf diesen Tontafeln ständige Aufzeichnungen über meine Angelegenheiten festhalten, um mich bei der Verwirklichung meiner hohen Ziele leiten zu lassen. Dem weisen Rat meines guten Freundes Mathon, des Goldverleihers, folgend, bin ich entschlossen, mich an einen genauen Plan zu halten, von dem er mir versichert, dass er jeden ehrenhaften Mann von hoher Schuldenlast befreien und zu Wohlstand und Selbstachtung bringen kann. Dieser Plan beinhaltet drei Ziele, auf die sich mein Hoffen und Wünschen richtet.

Als Erstes sieht der Plan für meine Zukunft Wohlstand vor. Deshalb soll ein Zehntel dessen, was ich verdiene, als Sparguthaben beiseitegelegt werden. Denn Mathon spricht weise, wenn er sagt: »Der Mann, der in seiner Börse Gold und Silber hat, das er nicht auszugeben braucht, ist gut zu seiner Familie und den Mitmenschen. Jener Mann hingegen, in dessen Börse sich nur ein paar Kupfermünzen befinden, ist seiner Familie und dem König gegenüber gleichgültig. Und der Mann, der in seiner Börse keine Münze hat, sollte seine Einstellung ändern und anfangen, seine Börse zu füllen.«

Als Zweites sieht der Plan vor, dass ich meine liebe Gemahlin, die vom Haus ihres Vaters zu mir zurückgekehrt ist, gut mit Nahrung und Kleidung versorge, aber nur wenn sie dies auch zu schätzen weiß. Denn Mathon sagt: »Wenn ein Mann gut für seine treue Gemahlin sorgt, kehren Selbstachtung, Kraft und Entschlossenheit in sein Herz ein, die ihm helfen, seine Ziele zu erreichen.« Die zwei Hauptgründe, die zum Scheitern einer Beziehung führen, sind immer die gleichen: Geld und Sex. Daher sollte in einer Partnerschaft über diese zwei Themen ein offener Dialog geführt werden, damit ihr auch sicher seid, dass ihr dasselbe sucht und somit das Scheitern einer Beziehung vermeidet. Deshalb sollen sieben Zehntel meines Verdienstes für unser Heim, für Kleidung und für Nahrung aufgewendet werde; ein kleiner Teil davon soll ausgegeben werden, damit es in unserem Leben nicht an Freude und Vergnügen mangele. Aber Mathon legt größeren Wert darauf, dass wir nicht mehr als sieben Zehntel dessen, was ich verdiene, für diese Dinge ausgeben.

Darin liegt der Erfolg des Planes. Ich muss von diesem Anteil meinen Lebensunterhalt bestreiten und darf niemals mehr ausgeben, noch darf ich etwas kaufen, was ich nicht aus diesem Anteil bezahlen kann.

Tafel Nr. 2

Als Drittes sieht der Plan vor, dass ich meine Schulden mit meinem Verdienst begleiche. Daher sollen jeden Vollmond zwei Zehntel meines Verdienstes ehrlich und gerecht auf diejenigen verteilt werden, die mir ihr Vertrauen geschenkt haben und bei denen ich Schulden habe. So werden gewiss in absehbarer Zeit meine Schulden getilgt sein. Zu diesem Zweck graviere ich hier die Namen all meiner Gläubiger ein sowie die Höhe der jeweiligen Schuld.

Tafel Nr. 3

Diesen Gläubigern schulde ich insgesamt einhundertundneunzehn Silberstücke und einhundertundeinundvierzig Kupfermünzen. Da meine Schulden so hoch waren und ich keine Möglichkeit sah, sie zurückzuzahlen, war ich töricht genug, meine Frau zu ihrem Vater zurückkehren zu lassen, meiner Geburtsstadt den Rücken zu kehren und anderswo leicht erworbenen Reichtum zu suchen. Die Folge war, dass ich nur noch tiefer ins Elend geriet und schließlich die

Erniedrigung erlebte, als Sklave verkauft zu werden. Erst nachdem mir Mathon aufgezeigt hat, wie ich von meinem Verdienst meine Schulden in kleinen Summen abtragen kann, wird mir bewusst, was für ein großer Narr ich war, mich der Verantwortung für meine Verschwendungssucht zu entziehen. Ich habe daher meine Gläubiger aufgesucht und ihnen erklärt, dass ich außer meinem Verdienst keine Mittel besitze, meine Schulden zu bezahlen, und dass es meine ehrliche Absicht ist, zwei Zehntel meines Verdienstes zur Tilgung meiner Schulden aufzuwenden. So viel könne ich aufbringen, mehr aber nicht. Wenn sie also geduldig wären, würde ich meine Schulden nach und nach vollständig begleichen.

Ahmar, den ich für meinen besten Freund gehalten hatte, beschimpfte mich schmählich, und ich zog mich gedemütigt zurück. Bijerik, der Bauer, flehte mich an, ihn zuerst zu berücksichtigen, da er dringend Hilfe benötige. Alkahad, der Hausbesitzer, war höchst unangenehm. Er drohte mir, Schwierigkeiten zu machen, wenn ich ihm nicht baldmöglichst die ganze Schuldsumme zurückzahlen würde. Alle übrigen willigten in meinen Vorschlag ein. Darum bin ich entschlossener denn je, meinen Plan zu Ende zu führen, denn ich bin davon überzeugt, dass es einfacher ist, seine Schulden zu begleichen, als ihnen zu entfliehen. Auch wenn ich die Wünsche und die Bedürfnisse einiger meiner Gläubiger nicht befriedigen kann, werde ich sie doch alle gleichermaßen berücksichtigen.

Tafel Nr. 4

Wieder ist Vollmond. Ich habe hart, aber freien Sinnes gearbeitet. Meine liebe Gemahlin unterstützt mein Vorhaben, meine Gläubiger zufriedenzustellen. Dank unseres weisen Entschlusses habe ich im Laufe des vergangenen Mondes neunzehn Silberstücke verdient, indem ich für Nebatur gesunde Kamele mit kräftigen Beinen erworben habe. Diesen Verdienst habe ich meinem Plan entsprechend aufgeteilt. Ein Zehntel habe ich als Ersparnis beiseitegelegt, sieben Zehntel habe ich zusammen mit meiner Gemahlin für unseren Lebensunterhalt ausgegeben. Zwei Zehntel habe ich so gerecht, wie dies mit

Kupfermünzen möglich ist, unter meinen Gläubigern aufgeteilt. Ich habe Ahmar nicht persönlich gesehen, sondern habe seinen Anteil seiner Frau ausgehändigt. Bijerik war so erfreut, dass er am liebsten meine Hand geküsst hätte. Nur der alte Alkahad war mürrisch und sagte, ich müsse meine Schulden schnell begleichen. Ich antwortete ihm, dass ich meine Schuld umso eher abtragen könne, je besser ich mich ernähren könne und je weniger ich mich mit Sorgen quälen müsse. Alle anderen dankten mir und waren angetan von meinen Bemühungen. Somit hat sich meine Schuld am Ende eines einzigen Mondes um fast vier Silberstücke reduziert, und ich habe zwei Silberstücke beiseitegelegt, die mir niemand streitig machen kann. So unbeschwert war ich schon lange nicht mehr.

Wieder ist Vollmond. Ich habe hart gearbeitet, aber mit geringem Erfolg, denn ich konnte nur wenige Kamele erwerben. Somit habe ich lediglich elf Silberstücke verdient. Dennoch hielten meine treue Gemahlin und ich an unserem Plan fest, wir haben keine neuen Kleider gekauft und uns überwiegend von grünen Pflanzen ernährt. Wieder habe ich sieben Zehntel für unseren Lebensunterhalt ausgegeben. Zu meiner Überraschung lobte mich Ahmar, auch wenn ich ihm nur einen kleinen Betrag zurückzahlen konnte. Auch Bijerik rühmte mich. Alkahad allerdings geriet in Zorn, aber als ich ihm sagte, er könne seinen Anteil zurückgeben, wenn er ihn nicht haben wolle, beruhigte er sich. Die anderen Gläubiger waren alle zufrieden.

Wieder ist Vollmond, und ich bin überglücklich, denn ich entdeckte eine großartige Kamelherde und habe viele prächtige Tiere davon erworben. Somit habe ich zweiundvierzig Silberstücke verdient. Diesen Monat haben meine Frau und ich Sandalen und Kleidungsstücke gekauft, die wir dringend benötigten. Außerdem haben wir Fleisch und Geflügel auf unsere Speisekarte gesetzt. Unseren Gläubigern haben wir über acht Silberstücke zurückbezahlt. Nicht einmal Alkahad protestierte. Dieser Plan ist großartig, denn er hilft uns, unsere Schulden abzubauen und gleichzeitig ein Vermögen aufzubauen. Dreimal ist der Mond voll gewesen, seitdem ich zum letzten Mal diese Tontafeln beschrieben habe. Jedes Mal habe ich ein Zehntel meines Verdienstes für mich selbst behalten. Jedes Mal haben meine liebe Gemahlin und ich von sieben Zehntel gelebt, wenn es auch manchmal hart gewesen ist, und jedes Mal habe ich von zwei Zehnteln meine Gläubiger zufriedengestellt. Meine Ersparnisse belaufen sich nun auf einundzwanzig Silberstücke. Ich brauche den Blick nicht mehr zu senken und kann meinen Freunden frei in die Augen sehen. Meine Gemahlin hält unser Heim vortrefflich in Ordnung und trägt jetzt bessere Kleider. Wir sind glücklich miteinander. Der Plan ist von unschätzbarem Nutzen, denn er hat aus einem ehemaligen Sklaven einen ehrenwerten Mann gemacht.

Tafel Nr. 5

Wieder ist der Mond voll und mir wird bewusst, dass ich schon lange keine Eintragungen mehr auf der Tontafel gemacht habe. Zwölf Monde sind nun vergangen. Aber heute werde ich es nicht versäumen, meine Aufzeichnungen auf der Tontafel zu machen. Diesen Tag werden meine Frau und ich voller Dankbarkeit feiern, denn wir haben unser Ziel erreicht. Als ich zum letzten Mal meine Gläubiger aufsuchte, hatte ich viele denkwürdige Erlebnisse. Ahmar bat mich wegen seiner groben Beschimpfungen um Verzeihung und sagte, ich sei unter allen Menschen, die er kenne, derjenige, den er am liebsten zum Freund habe. Der alte Alkahad ist im Grunde gar nicht so übel, denn er bemerkte: »Du warst vormals ein Klumpen weichen Tons, den jeder, der ihn berührte, nach Belieben kneten und formen konnte, aber nun bist du ein Stück Bronze, das dem Druck standhalten kann. Solltest du jemals Silber oder Gold benötigen, so komm zu mir.« Und er ist nicht der Einzige, bei dem ich hohes Ansehen genieße. Viele andere sprechen mich ehrerbietig an. Wenn meine Gattin zu mir aufblickt, ist ein Leuchten in ihren Augen, das einem Mann Selbstvertrauen schenkt. Meine Erfolge verdanke ich ganz allein Mathons Plan, denn dieser hat es mir ermöglicht, all meine Schulden zu begleichen und Gold und Silber in meiner Börse klingeln zu lassen. Ich empfehle diesen Plan all jenen, die nach Erfolg streben. Wenn dieser Plan selbst einem ehemaligen Sklaven dazu verhilft, seine Schulden zu begleichen und Gold anzuhäufen, wie sollte er da nicht allen anderen helfen, finanziell unabhängig zu werden? Ich selbst bin noch nicht am Ende angelangt, denn ich bin davon überzeugt, dass der Plan mich zu einem reichen Mann machen wird, wenn ich ihn weiter befolge. In der Ausdauer liegt der Erfolg!

Der glücklichste Mann

An der Spitze seiner Karawane ritt stolz erhobenen Hauptes Sharru Nada, der wohlhabendste Kaufmann der Stadt, auf seinem rassigen Hengst. Er liebte schöne Stoffe und trug kostbare und elegante Gewänder. Auch hatte er eine Vorliebe für edle Reittiere. Wenn man ihn betrachtete, hätte man nicht vermutet, dass er bereits in fortgeschrittenem Alter war, und man hätte bestimmt auch nicht erraten, dass Kummer an ihm nagte. Die Reise war lang, und die Wüste barg viele Gefahren und Mühsale. Das war es aber nicht, was ihn beunruhigte, genauso wenig wie die Tatsache, dass die ungestümen Stämme gerne reiche Karawanen ausplünderten, denn seine flinken, berittenen Wachen boten ihm sicheren Schutz. Es war der junge Mann, der seit der Reise neben ihm ritt, der ihm Kopfschmerzen bereitete. Es handelte sich um Hadan Gula, den Enkel seines Partners in früheren Jahren, Arad Gula, dem er zu ewigem Dank verpflichtet war. Er wollte gerne etwas für diesen jungen Mann tun, aber je mehr er darüber nachdachte, desto schwieriger erschien ihm dies. Der Grund dafür war der Junge selbst. Er musterte den mit Ringen und Ohrringen geschmückten jungen Mann und dachte bei sich: Er glaubt wohl, Juwelen seien für Männer gedacht. Immerhin hat er das markante Gesicht seines Großvaters geerbt, auch wenn dieser bestimmt nicht solche bunten Gewänder trug. Aber ich selbst habe ihn ersucht, mit mir zu kommen, weil ich hoffte, ich könnte ihm helfen, sein Leben selbst in die Hand zu nehmen, nachdem sein Vater das ganze Familienerbe durchgebracht hatte. Hadan Gula unterbrach seine Gedanken. »Sag, warum arbeitest du so hart und begleitest deine Karawanen immer auf den langen Reisen? Nimmst du dir denn nie Zeit, das Leben zu genießen?« Sharru Nada lächelte. »Das Leben genießen?«, wiederholte er. »Was würdest du tun, um das Leben zu genießen, wenn du Sharru Nada wärst?« »Wenn ich so reich wäre wie du, würde ich wie ein Prinz leben; ich würde bestimmt nicht durch die heiße Wüste reiten. Ich würde die Schekel genauso schnell ausgeben, wie sie in meine Börse geflossen sind, würde die schönsten Gewänder und die kostbarsten Juwelen tragen. So ein Leben wäre ganz nach meinem Geschmack, ein Leben, das lebenswert wäre.« Nach diesen Worten brachen die beiden Männer in Lachen aus. »Dein Großvater hat keine Juwelen getragen«, bemerkte Sharru Nada spontan. Dann fuhr er scherzhaft fort: »Würdest du keine Zeit für die Arbeit aufwenden?« »Arbeit ist etwas für Sklaven«, erwiderte Hadan Gula. Sharru Nada biss sich auf die Unterlippe und verkniff sich eine Bemerkung.

Schweigend ritten sie weiter, bis sie zu einer Steigung gelangten. Sharru Nada hielt sein Pferd an und deutete auf das grüne Tal in der Ferne. »Siehst du das Tal dort? Wenn du dich anstrengst, kannst du weiter hinten die Mauern der reichsten Stadt erkennen und den Turm des Tempels. Wenn du genau hinblickst, siehst du sogar den Rauch des ewigen Feuers, der in den Himmel hochsteigt.« »Das also ist die die reichste Stadt? Ich habe mich schon immer danach gesehnt, einmal die reichste Stadt der Welt zu sehen«, bemerkte Hadan Gula, »wo mein Großvater sein Vermögen gemacht hat. Wäre er noch am Leben, wären wir nicht in solchen Geldnöten.« »Warum willst du, dass sein Geist über die ihm angemessene Zeit hinaus auf Erden weilen soll? Du bist durchaus in der Lage, zusammen mit deinem Vater sein Werk weiterzuführen.« »Leider haben wir beide nicht sein Talent, auch wenn wir sein Geheimnis kennen, wie er die Goldschekel anhäufte.«

Sharru Nada sagte nichts, sondern trieb sein Pferd an und ritt nachdenklich den Weg zum Tal hinunter. Hinter ihnen folgte die Karawane in einer Wolke rötlichen Staubs. Etwas später waren sie bei der Landstraße des Königs angelangt, wandten sich nach Süden und durchquerten die bewässerten Bauernhöfe. Drei alte Männer, die gerade ein Feld pflügten, erregten Sharru Nadas Aufmerksamkeit. Sie kamen ihm seltsam vertraut vor. Wie lächerlich! Es war ja wohl kaum möglich, dass man nach vierzig Jahren an einem Feld vorbeikam, auf dem die gleichen Männer wie früher pflügten. Einer hielt den Plug mit zittriger Hand. Die anderen schleppten sich mühsam neben den Ochsen dahin und schlugen kraftlos mit ihren Rohrstöcken auf die Tiere ein, um sie anzutreiben. Vor vierzig Jahren hatte er diese Männer beneidet! Wie gerne hätte er damals mit ihnen getauscht. Aber heute war die Situation ganz anders.

Voller Stolz wandte er sich nach seiner Handelskarawane um, die aus ausgewählten Kamelen und Mulis bestand, die reich beladen waren mit kostbaren Gütern. Aber das war nur ein Teil seiner Besitztümer. Er deutete auf die pflügenden Männer und sagte: »Sie pflügen immer noch das gleiche Feld wie vor vierzig Jahren.« »Sie sehen so aus, aber was lässt dich vermuten, dass es dieselben Männer sind?« »Weil ich sie damals gesehen habe«, erwiderte Sharru Nada. Erinnerungen schossen ihm durch den Kopf. Warum nur konnte er die Vergangenheit nicht begraben und sich der Gegenwart zuwenden?

Dann erblickte er – wie in einem Spiegel – das lächelnde Gesicht Arad Gulas, und die Spannungen zwischen ihm und Arads Enkel lösten sich. Aber wie konnte er einem solch überheblichen jungen Mann mit juwelengeschmückten Fingern und voller hochtrabender Ideen helfen? Arbeitswilligen Arbeitern konnte er Arbeit in Hülle und Fülle anbieten, er wusste jedoch nicht, was er einem Mann, der sich zu gut fürs Arbeiten hielt, vorschlagen sollte. Aber er war es Arad Gula schuldig, etwas für seinen Enkel zu tun und nicht nur einen halbherzigen Versuch in diese Richtung zu unternehmen. Arad Gula und er waren die Probleme immer entschlossen angegangen.

Blitzartig kam ihm eine Idee. Aber er hatte Zweifel, denn er musste Rücksicht auf seine Familie und seine Stellung nehmen. Es würde grausam sein, würde wehtun. Da er aber ein Mann schneller Entschlüsse war, wischte er die Einwände beiseite und entschloss sich zu handeln. »Würdest du gern wissen, wie dein ehrenwerter Großvater und ich zu dieser Partnerschaft kamen, die sich als so einträglich erwies?«, fragte er. »Ja, warum nicht? Erzähle mir ruhig, wie ihr die goldenen Schekel gemacht habt, denn das ist alles, was ich wissen muss«, erwiderte der junge Mann. Sharru Nada ignorierte diese Bemerkung und fuhr fort: »Die Geschichte beginnt bei diesen pflügenden Männern. Ich war damals kaum älter als du. Als sich die Kolonne, in der ich marschierte, den pflügenden Männern näherte, spottete der junge alte Meggido, der Bauer, über die schlampige Art, in der sie pflügten. Meggido war neben mir angekettet. ›Schau dir nur die faulen Kerle an‹, schimpfte er, ›derjenige, der den Pflug führt, macht sich nicht die Mühe, tiefer zu pflügen, und den anderen Männern mit den Stöcken gelingt es nicht, Ochsen in der Furche zu halten. Wie können sie erwarten, gutes Korn zu ernten, wenn das Feld nicht ordnungsgemäß gepflügt wird?‹«

»Hast du gerade gesagt, Meggido sei an dich angekettet gewesen?«, fragte Hadan überrascht. »Ja, wir waren mit Bronzeringen um unseren Hals und einer schweren Kette aneinander gekettet. Neben ihm ging Zabado, der Schafdieb, den ich in einer Stadt kennengelernt hatte, und den Schluss bildete ein Mann, den wir Pirat nannten, da er uns seinen Namen nicht verraten wollte. Wir vermuteten aber, dass er ein Seemann war, denn seine Brust war mit zwei verschlungenen Schlangen tätowiert, wie dies bei Seeleuten der Fall ist. Immer vier Männer gingen nebeneinander.« »Du hast die Ketten eines Sklaven getragen?!«, fragte Hadan Gula ungläubig. »Hat dir etwa dein Großvater nicht berichtet, dass ich früher ein Sklave war?« »Er hat oft von dir erzählt, aber darüber hat er keine Silbe verloren.« »Er war ein Mann, dem man die größten Geheimnisse anvertrauen konnte. Auch du bist ein Mann, dem ich trauen kann, nicht wahr?«, fragte Sharru Nada und blickte Hadan forschend an. »Du kannst mit meiner Verschwiegenheit rechnen, aber ich bin erstaunt. Erzähl mir, wie du ein Sklave wurdest.« Sharru Nada zuckte die Schultern. »Jeder Mann kann Sklave werden. Ein Spielhaus und Gerstenbier stürzten mich ins Unglück. Ich wurde das Opfer der Unbesonnenheit meines Bruders. Im Streit tötete er seinen Freund. Mein Vater, der unbedingt meinen Bruder davor bewahren wollte, von den Häschern des Gesetzes verfolgt zu werden, übergab mich der Witwe des Freundes als Leibeigenen. Als mein Vater das Silber nicht aufbringen konnte, um mich freizukaufen, veräußerte sie mich an den Sklavenhändler.« »Was für eine Schande und Ungerechtigkeit!«, empörte sich Hadan Gula. »Aber sag, wie bist du wieder frei geworden?« »Nur Geduld, wir kommen schon noch darauf. Aber lass mich der Reihe nach erzählen. Als wir vorüberzogen, verhöhnten uns die Männer am Pflug. Einer zog seinen zerlumpten Hut, verbeugte sich tief und rief: ›Willkommen in der reichsten Stadt, ihr Gäste des Königs. Er erwartet euch auf den Stadtmauern, wo das Bankett für euch bereitet ist, Schlammziegel und Zwiebelsuppe.‹ Sie konnten sich nicht mehr halten vor Lachen. Pirat wurde wütend und beschimpfte sie unflätig. ›Was meinen die Männer damit, der König erwartet uns auf den Mauern?‹, fragte ich ihn. ›Wir werden zur Stadtmauer gebracht, um Ziegel zu schleppen, bis wir zusammenbrechen. Vielleicht schlagen sie uns auch tot, bevor wir nicht mehr können. Mich aber nicht, denn vorher töte ich sie.‹ Dem widersprach Meggido. ›Es ergibt keinen Sinn für mich, dass Herren hart arbeitende, willige Sklaven zu Tode prügeln, denn sie mögen fleißige Sklaven und behandeln sie gut.‹ ›Wer will schon hart arbeiten? Diese Männer dort sind schlau, sie schuften sich nicht zu Tode; sie tun nur so, als würden sie arbeiten.‹ ›Drückeberger kommen nicht voran‹, protestierte Meggido. ›Wenn man pro Tag einen Hektar pflügt, ist das ein gutes Tagewerk, und das weiß jeder Herr. Pflügt man aber nur die Hälfte, dann hat man sich von der Arbeit gedrückt. Ich drücke mich nicht vor der Arbeit. Ich arbeite mit Freuden, verrichte gern gute Arbeit, denn sie ist der beste Freund, den ich je hatte. Dadurch habe ich mir all die schönen Dinge erworben, die ich besaß – meinen Bauernhof und meine Kühe, mein Korn, ja, alles.‹ ›Ja, und wo ist das alles geblieben?‹, schnaubte Zabado verächtlich. ›Ich glaube, es zahlt sich aus, schlau zu sein und ohne Arbeit durchzukommen. Wenn wir auf den Mauern arbeiten müssen, dann beobachte mich. Ich werde die Wassereimer tragen oder sonst eine leichte Arbeit verrichten, während du, der du ja so gerne arbeitest, Ziegeln schleppen und irgendwann zusammenbrechen wirst‹, bemerkte er hämisch.

In jener Nacht packte mich große Angst. Ich konnte kein Auge zu tun. Dann, als die anderen schliefen, machte ich Godoso auf mich aufmerksam, der die erste Wache hielt. Er war einer jener Straßenräuber und Schurken, die einem nicht nur die Börse entwendeten, sondern auch gleich alles mitnahmen, was man hatte. ›Sag, Godoso‹, flüsterte ich, ›werden wir, wenn wir zur reichsten Stadt gelangen, auf die Mauern geschickt?‹ ›Warum willst du das wissen?‹, fragte er argwöhnisch. ›Kannst du das nicht verstehen?‹, flehte ich. ›Ich bin jung und will leben. Ich will meine Gesundheit nicht mit Ziegelschleppen ruinieren oder zu Tode geprügelt werden. Habe ich Chancen, einen guten Herrn zu bekommen?‹ Er antwortete flüsternd: ›Da du ein guter Bursche bist und Godoso keinen Ärger gemacht hast, verrate ich dir Folgendes: Meistens gehen wir zuerst zum Sklavenmarkt. Nun hör zu. Erkläre den Käufern, dass du fleißig arbeiten kannst und gerne für einen guten Herrn harte Arbeit verrichtest. Mach alles, was du kannst, damit sie dich kaufen wollen. Wenn es dir nicht gelingt, schleppst du am nächsten Tag Ziegel. Eine ausgesprochen mühsame Arbeit.‹ Dann entfernte er sich.

Ich lag im warmen Sand, blickte zu den Sternen hoch, dachte über die Arbeit nach und überlegte, ob sie auch mein bester Freund werden würde, wie Meggido erzählt hatte. Gewiss würde es so sein, wenn sie mich aus dieser misslichen Lage befreien würde. Als Meggido erwachte, flüsterte ich ihm zu, was Godoso mir geraten hatte. Als wir auf die reichste Stadt zumarschierten, war dies unser einziger Hoffnungsschimmer. Am Spätnachmittag kamen wir den Mauern näher und sahen Männer wie schwarze Ameisen die steilen diagonalen Pfade hinauf- und hinuntersteigen. Wir waren erstaunt, hier Tausende von arbeitenden Männern zu sehen; einige gruben im Stadtgraben, andere formten den Schlamm zu Ziegeln. Unzählige Männer schleppten die Ziegel in großen Körben die steilen Wege zu den Mauern hoch. Aufseher beschimpften die Saumseligen und ließen ihre Peitsche auf die Rücken derjenigen knallen, die sich nicht in der Reihe hielten. Die ausgemergelten, erschöpften Männer konnten sich nicht mehr auf den Beinen halten und stürzten neben ihren schweren Körben zu Boden, unfähig, sich wieder zu erheben. Wenn die Peitsche nichts ausrichten konnte und sie ermattet liegen blieben, wurden sie zur Seite gestoßen, wo sie sich im Todeskampf wanden. Wenn sie tot waren, wurden sie zu den anderen Leichen neben der Straße gelegt, die anschließend an unheiligen Stätten begraben wurden. Dieser Anblick ließ mich erschauern. Das also erwartete mich, wenn mich auf dem Sklavenmarkt niemand kaufen wollte.

Godoso hatte recht gehabt. Wir wurden zuerst durch die Stadttore geführt und ins Sklavengefängnis gebracht. Am nächsten Morgen zogen wir zum Markt. Der Rest der Männer drängte sich hier ängstlich zusammen, und nur die Peitschen unserer Wachen konnten sie dazu bringen, sich nach allen Seiten zu drehen, damit die Käufer sie begutachten konnten. Meggido und ich unterhielten uns eifrig mit jedem, der uns gestattete, das Wort an ihn zu richten. Der Sklavenhändler brachte Soldaten der königlichen Wache herbei, die Pirat fesselten und ihn brutal zusammenschlugen, als er protestierte. Als sie ihn wegführten, empfand ich großes Mitleid mit ihm. Meggido hatte das Gefühl, dass man uns bald kaufen würde. Als einmal keine Käufer in der Nähe waren, sprach er ernsthaft mit mir, um mir nochmals einzuprägen, wie wertvoll die Arbeit für mich sein würde. Er sagte: ›Einige Männer sehen in der Arbeit ihren Feind. Aber es ist besser, man betrachtet sie als Freund. Mach dir auch nichts daraus, wenn sie schwer ist. Wenn du dir vorstellst, was für ein schönes Haus du baust, spielt es ja keine Rolle, wenn die Balken schwer sind und der Weg zu dem Brunnen, an dem du das Wasser für den Zement holen musst, weit ist. Versprich mir, Junge, wenn du einen Herrn bekommst, dann arbeite – so hart du kannst. Mach dir nichts daraus, wenn du kein Lob erhältst. Denk daran, ordentlich verrichtete Arbeit nutzt dir selbst am meisten und macht dich zu einem besseren Mann.‹ Er verstummte, als ein stämmiger Bauer herantrat und uns kritisch musterte. Meggido erkundigte sich nach seinem Hof und seinen Getreideernten und überzeugte den Mann davon, dass er ihm von großem Nutzen sein könnte. Nach zähen Verhandlungen mit dem Sklavenhändler holte der Bauer eine prall gefüllte Geldbörse unter seinem Gewand hervor, und bald verschwand Meggido mit seinem neuen Herrn.

Im Laufe des Morgens wurden noch ein paar weitere Männer verkauft. Gegen Mittag verriet mit Godoso, dass der Händler keine Lust hatte, noch eine weitere Nacht hier zu verbringen, und alle verbliebenen Sklaven bei Sonnenuntergang zum Käufer des Königs bringen würde. Ich schöpfte Hoffnung, als ein wohlbeleibter, gutmütig dreinblickender Mann sich erkundigte, ob ein Bäcker unter uns sei. Ich ergriff das Wort und sagte: ›Warum sollte ein guter Bäcker wie du einen anderen, weniger guten wollen? Wäre es nicht einfacher, du würdest einen willigen Mann wie mich in dein Handwerk einweisen? Schau mich an: Ich bin jung, stark und arbeitswillig, gib mir eine Chance, und ich werde mich anstrengen, dir Gold- und Silberstücke einzubringen.‹ Er war beeindruckt von meiner Bereitschaft und fing an, mit dem Händler zu feilschen, der mich, seit er mich gekauft hatte, keines Blickes mehr gewürdigt hatte, jetzt aber in den höchsten Tönen meine Fähigkeiten, meine gute Gesundheit und mein freundliches Wesen anpries. Ich fühlte mich wie ein Ochse, der an einen Metzger verkauft wurde. Schließlich wurde das Geschäft zu meiner großen Freude abgeschlossen. Ich folgte meinem neuen Herrn und hielt mich für den glücklichsten Mann der reichsten Stadt.

Mein neues Heim entsprach ganz meinem Geschmack. Nana, mein Herr, lehrte mich, wie man im Ofen Feuer machte und dann das Sesammehl ganz fein zermahlte, um daraus Honigkuchen zu backen. Ich hatte ein Lager im Getreidespeicher. Swasti, die alte Sklavin, die den Haushalt besorgte, gab mir genug zu essen und freute sich, weil ich ihr bei schweren Aufgaben zur Hand ging. Hier bot sich mir die Chance, nach der ich mich gesehnt hatte, und ich hoffte, ich würde einen Weg finden, um meine Freiheit zu erlangen. Ich bat Nana, mir zu zeigen, wie man Brot knetete und buk. Er tat es bereitwillig und freute sich über mein Interesse. Später, als ich diese Fertigkeit gut beherrschte, bat ich ihn, mir beizubringen, wie man Honigkuchen herstellte, und bald konnte ich alles backen. Mein Herr war froh, dass er nichts tun musste, aber Swasti schüttelte missbilligend den Kopf. ›Es ist nicht gut für einen Mann, wenn er nicht arbeitet‹, erklärte sie.

Ich fand, es war an der Zeit, mir zu überlegen, wie ich Geld verdienen konnte, um meine Freiheit zu erkaufen. Da ich bis Mittag mit dem Backen fertig war, dachte ich, Nana würde es gutheißen, wenn ich eine einträgliche Arbeit für den Nachmittag fände und meinen Verdienst mit ihm teilte. Dann kam mir der Gedanke, ich könnte ja noch mehr Honigkuchen backen und sie den Leuten auf der Straße anbieten. Ich trug Nana meinen Plan folgendermaßen vor: ›Wenn ich die Nachmittage nach dem Backen dafür verwenden könnte, Geld für dich zu verdienen, wäre es nur recht und billig, wenn du meinen Verdienst mit mir teilen würdest, damit ich ihn für Dinge zur Verfügung habe, die jeder braucht und sich wünscht.‹ ›Ja, das ist recht und billig‹, räumte er ein. Als ich ihm sagte, dass ich gern unsere Honigkuchen verkaufen würde, war er sehr angetan von dieser Idee. ›Wir werden es folgendermaßen anstellen‹, schlug er vor. ›Du verkaufst je zwei für einen Schekel, die Hälfte davon bekomme ich für das Mehl und den Honig und das Holz zum Backen. Den Rest teilen wir uns.‹ Ich war über sein großzügiges Angebot, ein Viertel meines Verkaufs für mich behalten zu dürfen, begeistert. In dieser Nacht arbeitete ich hart und bereitete ein Serviertablett vor, auf dem ich die Honigkuchen anbieten konnte. Nana schenkte mir eines seiner abgelegten Kleider, damit ich ordentlich aussah, und Swasti half mir, es zu waschen und zu flicken. Am nächsten Tag buk ich eine Extraportion Honigkuchen. Sie sahen knusprig und verlockend aus. Ich ging mit dem Tablett durch die Straßen und pries meine Waren laut an. Anfangs schien mich niemand zu beachten und mich verließ schon fast der Mut. Aber ich machte weiter und im Laufe des Nachmittags, als die Leute Hunger bekamen, wurden die Kuchen gekauft, und bald war das Tablett leer. Nana freute sich über meinen Erfolg und gab mir bereitwillig meinen Anteil. Es war ein gutes Gefühl, eigenes Geld zu besitzen. Meggido hatte recht gehabt, als er sagte, ein Herr werde die gute Arbeit seiner Sklaven schätzen.

Nachts konnte ich vor lauter Aufregung über meinen Erfolg kaum schlafen und rechnete aus, wie viel ich im Laufe eines Jahres verdienen konnte und wie viele Jahre ich benötigte, um mich freizukaufen. Als ich meine Kuchen weiter täglich anbot, hatte ich bald Stammkunden. Einer davon war dein Großvater, der Teppichhändler Arad Gula. Er verkaufte seine Teppiche an Hausfrauen und ging dabei von einem Ende der Stadt zum anderen. Er hatte einen Esel, der mit den Teppichen beladen war, und einen Sklaven, der sich um das Tier kümmerte. Der Teppichhändler kaufte zwei Kuchen für sich und zwei für seinen Sklaven und unterhielt sich immer mit mir, bis sie die Kuchen verzehrt hatten. Eines Tages sagte dein Großvater etwas zu mir, das ich nie vergessen werde. ›Ich mag deine Kuchen, Junge, aber noch mehr mag ich deinen Unternehmergeist, den du damit beweist. Eine solche Einstellung kann dich auf dem Weg zum Erfolg weit bringen.‹ Du kannst dir nicht vorstellen, Hadan Gula, was solche aufmunternden Worte für einen Sklavenjungen bedeuteten, der einsam in einer großen Stadt war und mit aller Kraft darum kämpfte, sich aus seiner demütigenden Lage zu befreien!

Im Laufe der Monate füllte sich meine Geldbörse mit den Schekeln, die ich sparen konnte, und bekam allmählich ein erfreuliches Gewicht. Genau wie Meggido gesagt hatte, erwies sich die Arbeit als mein bester Freund. Ich war glücklich, aber Swasti machte sich Sorgen. ›Dein Herr verbringt viel zu viel Zeit in den Spielhäusern‹, beklagte sie sich. Eines Tages traf ich meinen Freund Meggido auf der Straße und freute mich darüber. Er führte drei Esel, die mit Gemüse beladen waren, zum Markt. ›Es geht mir recht gut‹, sagte er. ›Mein Herr schätzt meine Arbeit, denn ich bin jetzt Aufseher. Schau, er schickt mich sogar zum Markt und lässt jetzt auch meine Familie kommen. Die Arbeit hilft mir, mich von meinem großen Kummer zu erholen. Eines Tages werde ich mich freikaufen können und mir wieder einen eigenen Bauernhof anschaffen.‹

Die Zeit verging, und Nana wartete immer begieriger auf meine Rückkehr von meinem Kuchenverkauf, damit er das Geld zählen und es unter uns aufteilen konnte. Er drängte mich, meine Geschäfte zu erweitern, damit ich noch mehr Geld einnehmen würde. Oft begab ich mich vor die Stadtmauern, um die Aufseher über die Sklaven, welche die Stadtmauern errichteten, anzusprechen. Ich hasste diese Umgebung, aber die Aufseher waren willige Käufer. Eines Tages entdeckte ich in der Schlange Zabado, der gerade seinen Korb mit Ziegeln füllte. Er war hager und gebückt und sein Rücken war voller Striemen und Wunden von den Peitschen der Aufseher. Ich hatte Mitleid mit ihm und schenkte ihm ein Stück Kuchen, das er wie ein hungriges Tier hinunterschluckte. Als ich seinen gierigen Blick sah, rannte ich davon, bevor er nach dem Tablett greifen konnte.

›Warum arbeitest du so hart?‹, sagte Arad Gula eines Tages zu mir. Es war fast die gleiche Frage, die du mir heute gestellt hast, erinnerst du dich? Ich berichtete ihm, was Meggido über die Arbeit gesagt hatte und dass sie sich als mein bester Freund erwiesen hatte. Ich zeigte ihm voller Stolz meine Börse mit den Schekeln und erklärte ihm, wie ich sie sparte, um mir meine Freiheit zu erkaufen. ›Und was willst du anstellen, wenn du frei bist?‹, fragte er mich. ›Dann‹, so gab ich ihm zur Antwort, ›will ich Kaufmann werden.‹ Da vertraute er mir etwas an, das ich nie vermutet hätte. ›Weißt du, ich bin auch ein Sklave, habe aber eine Partnerschaft mit meinem Herrn.‹«

»Halt«, befahl Hadan Gula. »Ich will keine Lügen hören, die meinen Großvater verunglimpfen. Er war kein Sklave.« Seine Augen funkelten vor Zorn. Sharru Nada blieb ruhig. »Ich ehre ihn, weil er sein Unglück bezwungen hat und er ein angesehener Bürger geworden ist. Bist du, sein Enkel, aus dem gleichen Holz geschnitzt? Bist du Manns genug, den Tatsachen ins Auge zu blicken, oder willst du dich lieber Illusionen hingeben?« Hadan Gula richtete sich in seinem Sattel auf. Mit einer Stimme, die seine tiefe innere Bewegtheit verriet, erwiderte er: »Mein Großvater wurde von allen geliebt. Seine guten Taten waren unzählbar. Als die Hungersnot ausbrach, kaufte er mit seinem Gold Korn, das seine Karawane herbrachte, wo es an die Bewohner verteilt wurde, damit niemand verhungern musste. Und du behauptest, er sei ein verachteter Sklave der reichsten Stadt gewesen!« »Wäre er in der reichsten Stadt geblieben, wäre er wohl tatsächlich verachtet worden, aber als er aufgrund seiner Bemühungen in der Stadt ein großer Mann wurde, vergaben ihm die Götter sein Missgeschick und erwiesen ihm Achtung«, erwiderte Sharru Nada.

»Nachdem er mir verraten hatte, dass er einst ein Sklave gewesen war«, fuhr Sharru Nada fort, »berichtete er mir, wie sehr er sich bemüht hatte, seine Freiheit zu erlangen. Aber dann, als er genug Geld besaß, sie zu erwerben, wusste er nicht, was er tun sollte. Seine Verkäufe liefen nicht mehr gut und er befürchtete, dass er die Unterstützung seines Herrn einbüßen würde. Ich schimpfte ihn wegen seiner Unentschlossenheit: ›Klammere dich nicht länger an deinen Herrn, sondern versuche wieder ein freier Mann zu werden. Handle wie ein freier Mann, und du wirst den entsprechenden Erfolg haben. Entscheide dich, was du erreichen willst, und dann wird dir die Arbeit helfen, es zu erlangen!‹ Er machte sich wieder auf den Weg und sagte zu mir: »Danke, sharru Nada, dass du mir meine Feigheit vor Augen gehalten hast«.

Eines Tages ging ich wieder einmal vor die Tore und wunderte mich, weil sich eine große Menge hier versammelt hatte. Als ich einen Mann um eine Erklärung bat, erwiderte dieser: ›Hast du es denn nicht gehört? Ein entflohener Sklave, der eine der königlichen Wachen ermordet hat, wurde abgeurteilt und wird heute wegen seines Verbrechens zu Tode geprügelt werden. Der König höchstpersönlich wird anwesend sein.‹ Um den Pfahl, an den der Mann gebunden werden sollte, hatten sich so viele Menschen gedrängt, dass ich es nicht wagte, näher zu kommen, aus Angst, mein Tablett mit Honigkuchen würde Schaden erleiden. Deshalb kletterte ich die halb fertige Mauer hinauf, um über die Köpfe der Menschen blicken zu können. Von meinem Posten aus sah ich, wie Nebukad in seinem goldenen Wagen vorbeifuhr. Noch nie zuvor hatte ich solchen Prunk, solche kostbare Gewänder und Vorhänge aus Gold- und Samtstoff gesehen. Zum Glück bekam ich nicht mit, wie der arme Sklave zu Tode geprügelt wurde, aber ich hörte seine Schreie. Ich überlegte, wie eine so hoch gestellte Persönlichkeit wie unser König es ertragen konnte, einen Mann so leiden zu sehen, aber als ich sah, wie er mit seinen Edelleuten scherzte und lachte, erkannte ich, dass er grausam war, und verstand, weshalb die Sklaven, welche die Mauer bauten, so unmenschlich behandelt wurden. Als der Sklave tot war, wurde seine Leiche mit einem Seil an einen Pfahl gebunden, damit ihn alle sehen konnten. Als sich die Menge zerstreute, näherte ich mich dem Toten. Auf der haarigen Brust entdeckte ich eine Tätowierung – zwei verschlungene Schlangen. Der Tote war Pirat.

Als ich Arad Gula wiedertraf, war er wie verwandelt, begrüßte mich voller Überschwang. ›Hör zu, der Sklave, den du gekannt hast, ist jetzt ein freier Mann. Deine Worte wirkten wie ein Zauber. Meine Verkäufe und meine Erträge vermehren sich bereits, und meine Frau ist überglücklich. Sie ist die Nichte meines Herrn und war eine freie Frau. Sie wünscht sich, dass wir in eine fremde Stadt ziehen, wo niemand weiß, dass ich einst ein Sklave war, und wo unseren Kindern das Missgeschick ihres Vaters nicht vorgeworfen werden kann. Die Arbeit hat sich als mein bester Helfer erwiesen, denn sie hat mir meine Selbstachtung und mein Verkaufstalent zurückgegeben.‹ Ich war sehr froh, dass ich die Aufmunterung, die er mir hatte zuteilwerden lassen, wenigstens im Kleinen hatte vergelten können.

Eines Abends suchte mich Swasti auf und beichtete mir ihren Kummer: ›Dein Herr steckt in Schwierigkeiten, ich habe Angst um ihn. Vor ein paar Monaten hat er viel Geld am Spieltisch verloren. Er schuldet den Bauern Geld für das Getreide und den Honig, hat auch Schulden beim Geldverleiher. Seine Gläubiger sind verärgert und drohen ihm.‹ ›Warum sollen wir uns wegen seiner Dummheit Sorgen machen? Wir sind ja nicht seine Wächter‹, erwiderte ich gedankenlos. ›Du dummer Junge, du verstehst gar nichts. Er hat dem Geldverleiher deinen Titel als Sicherheit für das Darlehen abgetreten, somit kann dieser rechtmäßig Anspruch auf dich erheben und dich verkaufen. Ich weiß nicht mehr ein und aus. Dabei ist er ein guter Herr. Warum nur steckt er in solchen Schwierigkeiten?‹ Swasti S Sorgen waren keineswegs unberechtigt. Als ich am nächsten Morgen mit Backen beschäftigt war, erschien der Geldverleiher mit einem Mann namens Sasi. Dieser musterte mich von oben bis unten und sagte, ich würde ihm gefallen. Der Geldverleiher wartete nicht bis zur Rückkehr meines Herrn, sondern trug Swasti auf, sie solle diesem sagen, er habe mich mitgenommen. Ich wurde lediglich mit dem, was ich am Leib trug, und meiner Börse, die an meinem Gürtel baumelte, vom Backofen weggeführt. Meine kühnsten Hoffnungen wurden mir so schnell entrissen, wie der Sturmwind den Baum entwurzelt und in die wogende See schleudert. Erneut hatten mich ein Spielhaus und Gerstenbier ins Unglück gestürzt.

Sasi war ein ungeschliffener, bärbeißiger Mann. Als er mich durch die Stadt führte, erzählte ich ihm von der guten Arbeit, die ich für Nana geleistet hatte, und sagte, ich hoffte, ich könne auch ihm von Nutzen sein. Seine Erwiderung war nicht gerade aufmunternd: ›Ich mag diese Arbeit nicht, mein Herr auch nicht. Der König hat ihm befohlen, mich zu den Arbeitern am Großen Kanal zu schicken. Dein Herr hat zu mir gesagt, ich soll mehr Sklaven kaufen, hart arbeiten und schnell fertig werden. Bah, wie kann man eine große Aufgabe schnell erledigen?‹ Stelle dir eine baumlose Wüste mit niedrigen Büschen und einer sengenden Sonne vor, die das Land dermaßen aufheizt, dass das Wasser in unseren Fässern so heiß war, dass wir es kaum trinken konnten. Dann stelle dir viele Männer vor, die in die Baugrube hinuntersteigen und von früh bis spät schwere Körbe voller Morast hochhieven und über weiche, staubige Wege schleppen. Essen gab es in Trögen, und wir verschlangen es wie die Schweine. Wir hatten weder Zelte noch Stroh für ein Lager. So also war meine augenblickliche Lage.

Ich vergrub meine Geldbörse an einem bestimmten Platz und bezweifelte, dass ich diese Stelle je wieder aufgraben würde. Anfangs arbeitete ich voll des guten Willens, aber im Laufe der Monate verließ mich mein Elan. Dann packte mich das Hitzefieber. Ich hatte keinen Appetit mehr und brachte kaum das Hammelfleisch und das Gemüse herunter. Nachts wälzte ich mich verzweifelt hin und her. In meinem

Elend fragte ich mich, ob Zabado es nicht klüger angestellt hatte, sich zu drücken und dadurch der Gefahr zu entgehen, dass ihm durch Arbeit der Rücken beschädigt wurde. Dann erinnerte ich mich an unsere letzte Begegnung, und ich erkannte, dass sein Plan nicht gut war. Ich dachte an Pirat und an seine Bitterkeit und überlegte, ob es eventuell richtig wäre, zu kämpfen und zu töten. Aber die Erinnerung an seinen blutenden Körper bewies mir, dass sein Plan ebenfalls untauglich war. Dann dachte ich an mein letztes Gespräch mit Meggido. Seine Hände hatten Schwielen von der harten Arbeit, aber sein Geist war unbeschwert, und seine Miene wirkte glücklich. Sein Plan war der beste. Ich war genauso arbeitswillig wie Meggido; er konnte bestimmt nicht härter arbeiten als ich. Warum nur brachte meine Arbeit mir weder Glück noch Erfolg? Machte die Arbeit Meggido glücklich, oder lagen Glück und Erfolg lediglich im Schoß der Götter? Sollte ich den Rest meines Lebens arbeiten, ohne dass sich meine Wünsche erfüllten, ohne Glück und Erfolg? All diese Fragen gingen mir durch den Kopf, aber ich fand keine Antwort, ja, war sogar höchst verwirrt.

Einige Tage später, als ich den Eindruck hatte, am Ende meiner Kräfte zu sein, und noch immer keine Antwort auf meine Frage hatte, schickte Sasi nach mir. Ein Bote meines Herrn war eingetroffen, um mich zurück in die reichste Stadt zu holen. Ich grub meine kostbare Börse aus, wickelte mich in die zerlumpten Reste meiner Kleidung und setzte mich hinter dem Boten aufs Pferd. Als wir dahinritten, wirbelten die Gedanken in meinem fiebrigen Gehirn, und die eigentümlichen Worte eines Liedes aus meiner Geburtsstadt kamen mir in den Sinn:

Ein Mann wird wie ein Wirbelwind erfasst,
der ihn wie ein Sturm mit sich reißt,
dessen Verlauf niemand verfolgen kann,
dessen Schicksal niemand voraussagen kann.

War es etwa mein Schicksal, für was auch immer bestraft zu werden? Welches neue Elend und welche Enttäuschung erwarteten mich? Als wir in den Hof meines Herrn ritten, stellte ich voller Verblüffung fest, dass Arad Gula mich erwartete. Er half mir vom Pferd und umarmte mich wie einen langen vermissten Bruder. Als wir auf das Haus zugingen, wollte ich wie ein Sklave hinter ihm hergehen, aber er ließ es nicht zu. Er legte den Arm um mich und sagte: ›Ich habe überall nach dir gesucht. Als ich die Hoffnung fast aufgegeben hatte, traf ich Swasti, die mir von dem Geldverleiher berichtete, der mich dann zu deinem Besitzer führte. Er feilschte zäh mit mir und ich musste einen Wahnsinnspreis für dich bezahlen, aber du bist es wert, denn deine Philosophie und dein Unternehmungsgeist haben mich zu diesem neuen Erfolg inspiriert.‹ ›Es ist Meggidos Philosophie, nicht meine‹, berichtigte ich ihn. ›Meggido und deine. Dank euch beiden gehen wir in die nächste Stadt, und ich brauche dich als Partner. Schau‹, rief er, ›gleich bist du ein freier Mann‹, und zog unter seinem Gewand die Tontafel hervor, die meinen Titel trug. Er hob sie hoch und warf sie auf die Pflastersteine, auf der sie in tausend Stücke zersprang. Dann trampelte er darauf herum, bis die Tontafel nur noch Staub war. Meine Augen füllten sich mit Tränen der Dankbarkeit. Ich wusste, ich war der glücklichste Mann der reichsten Stadt. Wie du siehst, erwies sich die Arbeit in der Zeit meiner größten Verzweiflung als mein bester Freund. Meine Bereitschaft zu arbeiten verhinderte, dass ich verkauft und zu den Sklaven auf den Mauern abgestellt wurde. Dies beeindruckte auch deinen Großvater, der mich als seinen Partner wählte.«

Daraufhin fragte Hadan Gula: »War die Arbeit das Geheimnis für seinen Reichtum?« »Als ich ihn kennenlernte, besaß er nichts außer der Arbeit«, erwiderte Sharru Nada. »Dein Großvater liebte die Arbeit. Die Götter würdigten seine Anstrengungen und belohnten ihn großzügig.« »Ich fange an zu begreifen«, meinte Hadan Gula nachdenklich. »Die Arbeit zog seine vielen Freunde an, die seinen Fleiß bewunderten und den Erfolg, den sie einbrachte. Die Arbeit brachte ihm die Ehren ein, die er in der Stadt in so hohem Maße genoss. Die Arbeit ermöglichte ihm auch, in den Besitz all der Dinge zu gelangen, die ich so erstrebenswert fand. Und dabei hatte ich angenommen, Arbeit sei nur etwas für Sklaven.« »Das Leben bietet den Menschen viele

Freuden«, meinte Sharru Nada. »Jeder Mensch hat seinen Platz. Ich bin froh, dass die Arbeit nicht den Sklaven vorbehalten ist. Wäre dies der Fall, müsste ich auf mein größtes Vergnügen verzichten. Ich erfreue mich an vielen Dingen, aber an nichts so sehr wie an der Arbeit.«

Sharru Nada und Hadan Gula ritten im Schatten der hohen Mauern bis zu den massiven Bronzetoren der reichsten Stadt. Als sie sich diesen näherten, eilten die Wachen herbei und grüßten den angesehenen Bürger voller Ehrerbietung. Sharru Nada führte die lange Karawane hoch erhobenen Hauptes durch die Tore und hinauf zu den Straßen der Stadt. »Ich wollte immer so sein wie mein Großvater«, vertraute ihm Hadan Gula an. »Und ich wusste nicht, was für eine Art Mann er wirklich war.« Du hast es mit gezeigt. Da ich jetzt alles weiß und verstehe, bewundere ich ihn umso mehr und bin noch entschlossener, so zu werden wie er. Ich fürchte, ich werde es dir nie vergelten können, dass du mir die Augen über seinen Erfolg geöffnet hast. Von heute an folge ich seinem Vorbild, fange genauso bescheiden an wie er, was meiner derzeitigen Lage sowieso angemessener ist, als Juwelen und kostbare Gewänder zu tragen.« Nach diesen Worten entledigte sich Hadan Gula seiner Ohr- und Fingerringe. Dann griff er nach den Zügeln und ritt voll tiefer Ehrerbietung hinter dem Karawanenführer her.

Über den Autor

»Es gibt nichts Machtvolleres als eine Idee, deren Zeit reif ist.« Dieses Buch ist eine Anregung, deine bisherigen Ansätze des Gelderwerbs zu überdenken und zu überlegen, ob es an der Zeit ist, neue Ideen für den Weg zum Wohlstand und Reichtum zu entwickeln. Wissen bahnt Ihnen den Weg zum Reichtum, Sie brauchen ihn vorher nur richtig zu erlernen.

Raphael Alba wuchs in sehr bescheidenen Verhältnissen auf. Bis zu seinem 32. Lebensjahr war er Angestellter und mit der Einzelfirma (Fuelstation.ch) nebenberuflich selbstständig in der Proteinbranche. Mit 32 Jahren verlor er seinen Job und seine Selbstständigkeit. Ein gebrochenes Herz, ein hungriger Magen und eine leere Geldbörse waren eine unvergessliche Lebenserfahrung, die ihn zu der Persönlichkeit machten, die er heute ist. In dieser Zeit holte er Inspiration in der Philosophie der Stoiker und wurde damit zum Bestseller Autor. Seine Denkart und seine Lebensweisheiten sind heutzutage weltweit bekannt und werden von seinen Mitmenschen sehr geschätzt. Sein Bestseller »Werde Reich« erscheint in der Deutschen Literaturgesellschaft.« Beharrlichkeit ist die geheime Stärke der Erfolgreichen.«